高等职业教育职业核心能力系列教材

# 职场专业技能

## ——大学生的 24 项修炼

主　编　罗　瑜　李伟民
副主编　安　娜　侯延华　蔡佳蓉
参　编　廖　莎　郎竹筠　刘咏芳
　　　　李娅雯　杨雅洁　卞付萍

北京理工大学出版社
BEIJING INSTITUTE OF TECHNOLOGY PRESS

## 内 容 简 介

本书中引入大量的案例和启发性强的故事相结合,一共二十四章内容,可以分为两个板块,前十二章讲个人发展,后十二章讲职业发展。学习方式主要以面授为主,课堂上透过技能示范、角色扮演、大组和小组讨论、教学游戏、个人总结等体验式教学法,帮助青年人加强个人能力如沟通、自信、决策和目标设定;帮助青年人发现并分析自己关于一些人生常见话题的价值观;帮助青年人形成良好的自我与社会定位,能够用符合社会认知并且理性的方式解决问题和冲突;帮助青年人构建学以致用的职场技能,提高青年的学习生活与工作效率。本书可以用于课程教学,也可供学生自学使用。

**版权专有　侵权必究**

### 图书在版编目(CIP)数据

职场专业技能:大学生的24项修炼/罗瑜,李伟民主编.—北京:北京理工大学出版社,2020.7
ISBN 978-7-5682-8676-3

Ⅰ.①职… Ⅱ.①罗…②李… Ⅲ.①大学生-职业选择 Ⅳ.①G647.38

中国版本图书馆CIP数据核字(2020)第116675号

出版发行 / 北京理工大学出版社有限责任公司
社　　址 / 北京市海淀区中关村南大街5号
邮　　编 / 100081
电　　话 / (010)68914775(总编室)
　　　　　 (010)82562903(教材售后服务热线)
　　　　　 (010)68948351(其他图书服务热线)
网　　址 / http://www.bitpress.com.cn
经　　销 / 全国各地新华书店
印　　刷 / 三河市天利华印刷装订有限公司
开　　本 / 787毫米×1092毫米　1/16
印　　张 / 13.25　　　　　　　　　　　　　　责任编辑 / 徐春英
字　　数 / 183千字　　　　　　　　　　　　　文案编辑 / 徐春英
版　　次 / 2020年7月第1版　2020年7月第1次印刷　责任校对 / 周瑞红
定　　价 / 39.00元　　　　　　　　　　　　　责任印制 / 施胜娟

图书出现印装质量问题,请拨打售后服务热线,本社负责调换

# 丛书编委会

**主　任：** 张进明

**副主任：** 罗　瑜　马祥兴　徐　伟

**委　员：**（按姓氏拼音排列）

金春凤　赖　艳　李伟民　刘于辉　陆樱樱　马树燕
时　俊　施　萍　苏琼瑶　王慧颖　王闪闪　王霞成
徐　晨　杨美玲　殷耀文　俞　力　张庆华　张香芹
周少卿　朱克君

# 序

职业能力包括三个方面，即：职业特定能力、职业通用能力和职业核心能力。

职业特定能力是指从事某种具体的职业、工种或岗位，所需对应的技能要求，主要用于学生求职时所需的一技之长。职业通用能力是一组特征和属性相同或者相近的职业群（行业）所体现出来的共性技能，主要用于积淀学生在某一行业未来发展的潜力。职业核心能力是适用于各种岗位、职业、行业，在人的职业生涯乃至日常生活中都必须具备的基本能力，是伴随人终身成长的可持续发展能力，主要用于提升学生职业发展的迁移能力。

亚马逊贝索斯经常被问到一个问题："未来十年，会有什么样的变化？"但贝索斯很少被问到"未来十年，什么是不变的？"贝索斯认为第二个问题比第一个问题更重要，因为你需要将你的战略建立在不变的事物上。

随着知识经济时代的发展，职业结构也发生相应的变化，社会财富创造的动力正由依靠体力劳动向依靠体力和脑力劳动相结合的方向转变，随着生产技术的进步，处于职业结构金字塔底端的非技术工人和中间的半技术工人的比例将严重下降，而最受欢迎的将是具备多方面能力和广泛适应性的高素质技术人员。调查显示，企业最关注的学生素养因素排名前十位依次为：工作兴趣和积极性、责任心、职业道德、承担困难和努力工作、自我激励、诚实守信、主动、奉献、守法、创造性。这些核心素养比一般人所看重的专业技能更为重要，是一个企业长足发展的内在不竭动力。

因此，职业教育中必须有"核心素养"的一席之地，来帮助传递关键能力，如应对不确定性、适应性、创造力、对话、尊重、自信、情商、责任感和系统思维。

为此，昆山登云科技职业学院在广泛调研和借鉴国内外高职教育的经验基础上，在校级层面开设四类职业核心能力课程：专业能力类、方法能力类、社会能力类、生活能力类。

### ◆ 专业能力

#### 1. 统计大数据与生活

在终极的分析中，一切知识都是历史；我们现在拥有的知识都是对过去发现的事物的归纳总结以及衍生；在抽象的意义下，一切科学都是数学：所有的知识都可以归纳为对数学的推理和运算。在大数据时代下，一切都离不开数据，而所有数据都离不开统计学，在统计学作用下，大数据才能发挥出巨大威力，具有实实在在的说服力。

#### 2. 用 Python 玩转数据

数据蕴涵价值。大数据时代，选择合适的工具进行数据分析与数据挖掘显得尤为重要。Python 语言简洁、功能强大，使得各类人员都能快速学习与应用。同时，其开源性为解决实际问题和开发提供强大支持。Python 俘获了大批的粉丝，成为数据分析与挖掘领域首选工具。

#### 3. 向阳而生，心花自开——大学生心理健康教育

保罗·瓦勒里说：心理学的目的是让我们对自以为了然于胸的事情，有截然不同的见解。拥有"心理学"这双眼睛，才能得到小至亲密关系、大到人生意义的终极答案。进入心理学的世界，让你看见自己，读懂他人，建立积极的社会关系，活出丰盈蓬勃的人生。

#### 4. 审美：慧眼洞见美好

吴冠中说："现在的文盲不多了，但美盲很多。"木心说："没有审美

力是绝症，知识也解救不了。"现在很多人缺乏的不是物质，也不是文化，而是审美。没有恰当的审美，生活暴露出最务实、最粗俗的一面，越来越追求实用化的背后，生活越来越无趣、越来越枯萎。审美力是对生活世界的深入感觉，俗话说：世界上不乏美的事物，只缺乏那双洞察一切美的眼睛。一个人审美水平的高低，在一定程度上决定了他竞争力水平，因为审美不仅代表着整体思维，也代表着细节思维。

◆ **方法能力**

**5. 成为 Office 专家**

学习 Office，学到的不只是 Office。职场办公，需要的不仅是技能，更需要解决问题的能力。会，只是基础；用，才是乐趣。成为 Office 专家，通过研究和解决所遇到的 Office 问题，体会协作成功之乐趣。

**6. 信息素养：吾将上下而求索**

会搜索是一种解决问题的能力。快速、便捷地搜索全网海量信息资源，最新、最好看的电影、爱豆视频任你选；学霸养成路上的"垫脚石"，论文、笔记、大纲、前人经验大放送；购物小技能，淘宝、京东不多花你一分钱；人脉搜索的凶猛大招，优秀校友、企业精英、电竞大神带你飞；还可以来一次说走就走的旅行，等等。让我们成为一名智慧信息的使用者。

**7. Learning How to Learn 学会如何学习：从认知自我到高效学习**

学会如何学习是终极生存技能。为什么学？学什么？如何学？一直是学习者关注的话题。掌握正确的学习方法，是改变学习效果的关键，也是改变人生的关键。只要找到了适合自己的学习方法，学习就会变得有意思，你也会变得更有自信，你的世界也会变得更加多元……

**8. 思维力训练：用框架解决问题**

你能解决多高难度的问题，决定了你值多少钱。思维能力强大的人，能够随时从众人当中脱颖而出，从而源源不断地为自己创造机会。这是一套教你如何用"思维框架"快速提升能力，有套路地解决问题的课程。

## ◆ 社会能力

### 9. 职场礼仪

我国素享"礼仪之邦"的美誉，礼仪文化源远流长、博大精深。"礼"表达的是敬人的美意，"仪"是这种美意的外显，礼仪乃是"律己之规"与"敬人之道"的和谐统一。礼仪是社交之门的"金钥匙"，是人际交往的"润滑剂"，是事业成功的"法宝"。不学礼，无以立。

### 10. 成功走向职场——大学生的24项修炼

通过技能示范、角色扮演、大组和小组讨论、教学游戏、个人总结等体验式教学法，帮助青年人加强个人能力，如沟通、自信、决策和目标设定；帮助青年人发现并分析自己关于一些人生常见话题的价值观；帮助青年人形成良好的自我与社会定位，能够用符合社会认知并且理性的方式解决问题和冲突；帮助青年人构建学以致用的职场技能，提高青年的学习生活与工作效率，让自己更加接近成功。

## ◆ 生活能力

### 11. 昆曲艺术

昆曲，又名昆山腔、昆剧，是"百戏之祖"，属于"阳春白雪"的高雅艺术。昆曲诞生于元末江苏昆山千墩，盛行于明清年间，迄今已有600多年历史。昆曲是集文学、历史、音乐、舞蹈、美学等于一体的综合艺术。2001年，昆曲被联合国教科文组织授予"人类口述和非物质遗产代表作"称号。

### 12. 投资与理财

投资理财并不只能帮助我们达到某个财务目标，它还可以帮助我们建立一种未来感，让我们把目光放得更长远，实现人生目标。本课程通过介绍投资理财的基础理论知识来武装大脑，通过介绍常见的投资理财工具来铸就投资理财利器。"内服"+"外用"，更好地弥补你和"钱"的鸿沟。

### 13. 大学生就业指导与创业

当你对自己的梦想产生怀疑时，生涯规划会为你点亮通往梦想的那盏明灯；当你带着梦想飞翔到陌生的职业世界，却不知如何选择职业时，科学的探索方法将成为你职业发展道路上的"魔杖"；当你在求职路上迷茫时，就业指导带给你一份新的求职心经，陪伴你在求职路上"升级打怪"；当你的目光投向创业却不知什么是创业、如何创业时，我们将为你递上一张创业名片。让我们沿着规划，一路向前，走上属于自己的职业发展之路。

### 14. 学生全程关怀手册

不论是课业疑惑、住宿问题、情感困扰、生活协助或就业压力，我们提供最周详的辅导、服务资讯，协助同学快速解决各类困难与疑惑。

丛书以成果导向为指导理念编写，力求将可迁移的通用能力分解为具体可操作实现的一个个阶段学习目标，相信在这些学习目标的引导下，学习者将构建形成适应当前社会经济发展需要的职业核心能力。

# 前　言

　　本书是专为普通高等院校大学生编写的青年成长与发展课程教材，根据高校学生成长特点和职业发展情况进行总结分析，把青年学生转变为职业人的过程中所面临的突出问题作为编写重点。目前高校大学生所学的知识技能和企业对未来员工的期望差距还在不断扩大。当今世界科技迅猛发展，人工智能不断渗入我们的生活和工作中，仅有专业技术是不够的，企业对员工的评价也更加的多元化，"软技能"的提升在实际工作中显得尤为重要。青年学生在转变成职业人的过程中，企业要求从业者具备抗挫折能力、应变能力、发展能力，以适应岗位需求中所遇到的各种变化。

　　本书中引入大量的案例和启发性强的故事相结合，一共二十四章内容，可以分为两个板块，前十二章讲个人发展，后十二章讲职业发展。学习方式主要以面授为主，课堂上透过技能示范、角色扮演、大组和小组讨论、教学游戏、个人总结等体验式教学法，帮助青年人加强个人能力如沟通、自信、决策和目标设定；帮助青年人发现并分析自己关于一些人生常见话题的价值观；帮助青年人形成良好的自我与社会定位，能够用符合社会认知并且理性的方式解决问题和冲突；帮助青年人构建学以致用的职场技能，提高青年的学习生活与工作效率。本书可以用于课程教学，也可供学生自学使用。

# 目　录

第一章　刚好遇见你 ………………………………………… 1
第二章　人生的 N 种情绪 …………………………………… 11
第三章　做情绪的主人 ……………………………………… 19
第四章　拥有责任感 ………………………………………… 27
第五章　学会倾听 …………………………………………… 35
第六章　讲卫生与注重仪容仪表 …………………………… 41
第七章　第一印象 …………………………………………… 47
第八章　自信的人最美丽 …………………………………… 57
第九章　积极沟通 …………………………………………… 65
第十章　如何拒绝 …………………………………………… 73
第十一章　学会团队合作 …………………………………… 81
第十二章　管理好自己的时间 ……………………………… 91
第十三章　积极心态，拥抱阳光 …………………………… 99
第十四章　凡事预则立，不预则废 ………………………… 111
第十五章　尊重自己与尊重他人 …………………………… 119
第十六章　勇敢接受批评 …………………………………… 125
第十七章　积极面对压力 …………………………………… 133
第十八章　高效管理压力 …………………………………… 141
第十九章　问题是用来解决的 ……………………………… 147
第二十章　解决冲突 ………………………………………… 155

第二十一章　成为一名优秀员工 …………………………………… 163
第二十二章　遵守企业规章制度 …………………………………… 171
第二十三章　尊重上级与他人 ……………………………………… 179
第二十四章　自我评估与工作评估 ………………………………… 187
参考文献 ……………………………………………………………… 194

# 第一章　刚好遇见你

**【章节解析】**

  相识是一种缘分。相识不易，且遇且珍惜。相识是两个人从陌生到熟悉的相互认识的过程，它需要双方对彼此有一定的了解，相互感知。[①]渐渐地，相遇的陌生感消失了，取而代之的是相互的接纳，相识是彼此建立良好关系的开始。美好的相识需要彼此信任。有了信任才有一切，美好的相识会铸就更美好的未来。

  相识的标志有四点：一是相互了解。相互了解是指 A 对 B 的情况有了一个初步的了解，B 对 A 亦有一个初步的感知，彼此之间消除陌生感。二是相互接受。相互接受是指 A 能从心底接纳 B，包括他的优点和缺点；B 能通过 A 的一言一行、一举一动主动接纳 A，乐于与之亲近。三是相互信任。相互信任是指 A 能信任 B，相信 B 的人品；B 能信任 A，与 A 友好相处，互相之间不存在戒心和疑心。四是相互珍惜。相互珍惜是指当遇到矛盾时，A 与 B 能相互珍惜、在乎彼此的关系，并愿意为维持和谐关系作出努力与妥协。对于刚入学的大学生而言，相识有其特定的内涵，包括对学校环境的认知、学习状态的适应以及与新同学的相知。

**【学习目标】**

1. 学会适应角色的转变。
2. 掌握人际交往的技巧。
3. 学会爱上大学生活。

---

[①] 徐佳烨. 初中班主任与学生关系的调查与实践研究［D］. 上海：华东师范大学，2016.

## 【案例分享】

### 案例一

楚国有个靠养猴过日子的人,他每天逼迫猴子上山采野果,然后用野果卖钱。他总是抽打猴子,猴子若是不从,挨打更甚。猴子们怕挨打,只得服从他,但背地里都暗自恨他,有一天,一只猴子问它的同伴,"既然山上的野果不是他栽的,我们为什么给他服役呢?"众猴子未这样想过,听了这只猴子的话恍然大悟,于是等这个人熟睡后,纷纷逃进深山。令它们惊奇不已的是,在山里它们不仅可以享受各种野果,还可以自由自在地做自己。

而那个靠猴子过日子的楚人,很快就饿死了。对现实的秩序习以为常,默认其合理性,就失去了进步的可能性。只有打破固有的思维方式,采取积极的策略,才会有更大的惊喜。①

### 案例二

有一个人梦见他来到一栋两层楼的房子,进入第一层楼时,发现一张长长的大桌子,桌旁都坐着人,桌子上摆满了丰盛的佳肴,可是没有一个人能吃到,因为大家的手臂受到魔法师的诅咒,手肘不能弯曲,桌上的美食夹不到口中,所以个个愁苦满面。但是楼上却充满了欢愉的笑声,同样的也有一群人,手肘也不能弯曲,但是大家却吃得兴高采烈。原来每个人的手肘虽然不能弯曲,但是因为对面的人彼此协助,互相帮助夹菜喂食,结果大家吃得很尽兴。②

### 案例三

在一片茫茫沙漠的两边,有两个村庄。要到达对面的村庄,如果绕

---

① https://www.chazidian.com/gushi55750/
② http://ishare.iask.sina.com.cn/f/iYrJz092De.html

过沙漠走,至少需要马不停蹄地走二十多天;如果横穿沙漠,只需要三天就能抵达。但横穿沙漠实在太危险了,许多人试图横穿,却无一生还。

有一天,一位智者经过这里,让村里人找来了许多胡杨树苗,每半里栽一棵,从这个村庄一直栽到了沙漠那端的村庄。智者告诉村里人说:"如果这些胡杨树有幸成活了,你们可以沿着胡杨树来往;如果没有成活,那么每一个行路者经过时,都将枯树苗拔一拔,以免被流沙给湮没了。"结果,这些胡杨树苗栽进沙漠后,全都被烈日烤死了,成了路标。沿着这些路标,两村人平平安安地走了十几年。

一年夏天,一个外地人坚持要一个人到对面的村庄去。大家告诉他:"你遇到要倒的胡杨一定要向下再插深些,遇到即将被湮没的胡杨,一定要将它向上拔一拔。"这个人点头答应了,然后就带上一皮袋水和一些干粮上路了。遇到一些就要被沙尘彻底湮没的胡杨时,这个人想:"反正我就走这一次,湮没就湮没吧。"他没有将这些胡杨向上拔一拔;遇到一些被风暴卷得摇摇欲倒的胡杨时,这个人也没有将这些胡杨向下插一插。

走到沙漠深处时,蓦然间飞沙走石,许多胡杨被湮没在厚厚的流沙里,也有一些胡杨被风暴卷走了,没有了踪影。这个人像没头的苍蝇似的东奔西走,却再也走不出这片沙漠。这个人在气息奄奄时十分懊悔:如果自己能按照大家嘱咐的那样做,那么即使没有了进路,还可以拥有一条平平安安的退路啊![①]

**【实践运用】**

1. 讨论发言

将学生两两分组,给定几个话题如"我以后想做的工作;童年的趣事;我最看重朋友的什么品质;我现在担心的事"。请一位同学就话题向另一位同学演讲,另一位同学倾听,然后两位同学选择另外一个话题并

---

[①] http://www.lizhigushi.com/lizhixiaogushi/a4582.html

交换角色，等各组的同学讲完后请全班同学围成一个圈坐好，每位同学作自我介绍，介绍内容包括姓名、从哪里来、爱好、世界上最想见的一个人等。

2. 情景再现

展示写有"让我感觉舒服和受尊重的行为"和"让我感觉不舒服和不受尊重的行为"两大标题，将学生分为两组，第一组学生演示"让我感觉舒服和受尊重的行为"，第二组学生演示"让我感觉不舒服和不受尊重的行为"，一组学生演示的时候另一组学生观看并发表感想。

3. 思考题

对于学校，你最大的期待是什么？对于与学校、同学的初次相识，如何进行很好的"破冰"？

【总结分析】

1. 生活环境的适应

对于一个大学新生来说，离开熟悉的环境，离开深有感情的老师和同学，离开疼爱自己的父母，踏入一个全新的环境，尽快适应这个环境是必要的。在这个过程中，有的学生能够通过不断调适自己的心理环境并很快融入新环境，顺利地度过适应期；也有的学生因未能根据所处环境的变化来相应调整自己的认识与观念，导致行为不能符合新环境的要求，出现适应不良，感受到来自环境的心理压力。

由于大学的校园范围比较大，所以大学新生首先要尽快熟悉校园的内外环境，而直接向高年级的同学请教是熟悉校园环境最快捷的方法。另外可以积极参与学校熟悉环境方面的活动。比如，学校的"生活引导教育"就是帮助大学新生尽快了解大学校园的生活常识、熟悉周边生活环境的教育。[①] 这一教育工作开始于录取通知书发放之时，一般持续到 9 月底。也就是说，按照前移后拓原则，该工作可以在新生入学前就开始

---

① 赵超前. 大学新生入学教育存在的问题及对策研究［D］. 济南：山东大学，2016.

着手进行。具体措施就是随录取通知书一起发放类似于《大学新生服务手册》或者《大学新生入学指南》之类的手册,这种手册不等于各高校的《学生手册》,它是专门服务于大学新生的。再比如,学校的"心理辅导教育"是针对一些新生面对新的环境,出现心理不适应的情况,开展的以"心理适应"为主题和教育重点的心理健康教育,这个工作从新生入学后开始进行,一直持续到大一上学期结束。

2. 角色改变的适应

从某种意义上说,能考上大学的学生在中学阶段大部分是学习上的佼佼者,平时深得家长、老师和同学们的关注,通常是生活中的中心人物。但是,许多大学生一跨进大学校门便害怕起来,因为在大学,尤其是重点大学里,几乎每个人都有辉煌的过去,人人都是学习尖子,个个都是高手、奇才。大多数学生将从中心角色向普通角色转变,这时就容易产生失落感和自卑感。

刚刚跨入校门的大学新生,就像一名运动员,可能在省队里是第一名,后来进了国家队变成第三、第四名了。但能进国家队,本身就足以说明他是一个优秀运动员。所以,适当地降低对自己的期望值,接受"不完美"的自己,放松捆绑自己精神的绳索,你就会以开朗的心情投入大学生活,从而得到丰富多彩的人生感受。

3. 自我评价适应

成绩的好坏,一直是中学生评价自我和他人的重要标准,人们普遍认为:"学习成绩好,个人价值就高。"但大学的评价标准并不是单一的学习成绩,能力特长也是衡量一个人水平的重要因素,并且有愈来愈重要的倾向。一个大学生知识面很宽,或者社会交往能力很强,或者能歌善舞,或者有体育专长,都能令人刮目相看。这会使那些只看重学习成绩而缺少能力或特长的人心理上产生不平衡感。一方面,自己成绩优秀却得不到掌声;另一方面,学业不如自己的人却在校园和社会上如鱼得水,因而对自己的认识和评价就产生了质疑。面对这些情形,如果新生不能依据环境的变化及时调整自我认识,很容易出现自我评价失调,产生强烈的心理失落感。

"金无足赤，人无完人"，每个人都有自己的长处和短处，要学会对自己做出公正全面的评价，不要死盯着自己的短处，善于挖掘和发展自己的优势，也可以弥补自己的不足。人的知识、才能通常是处于离散、朦胧状态的，需要自己不断地挖掘、发现和开发。从个人兴趣爱好、思维方式、已有的知识结构等方面进行考察和测试，将为你做出科学的自我评价提供有益的帮助。

### 4. 学习方法的适应

大学的学习方式完全不同于中学，不再是老师追着学生，而是学生主动向老师求教；大量的时间需要自己去安排，而不是被老师占有；要进行研究性学习，善于发现和提出问题等。大学课堂讲授相对减少，学生需自己安排自习、阅读的时间，学习也不再一味要求精确记忆，而是要学会独立思考与融会贯通。学习途径多样化，课余学习的比重加大，具有一定的研究和探索性质。由此，学习方面的变化带来的新生活适应不良的现象比较常见。

从旧的学习方法向新的学习方法转变，是每个大学新生都必须经历的过程。尽快适应新的学习方法，可以少走弯路，减轻心理压力，提高学业成绩。入学后，新生应及时调整学习方法，重视自主学习能力的培养，变接受型学习为研究型学习，从单一注重考试分数到注重自身素质的综合提高。学会高效管理时间，安排学习计划，善于有效利用校园内的一切教学资源。

### 5. 人际交往的适应

大学同学来自五湖四海，地区的差异使他们在思想观念、价值标准、生活方式和生活习惯方面存在明显的差别。因此，在遇到实际问题时，往往容易发生冲突。要想尽快适应全新的大学生活，就要与其他人建立互帮互助、和谐融洽的人际关系。

首先，要学会承认个性差异、生活习惯和价值体系的差异，你与别人生活在一起，就应该连同他的生活方式一起接受。如果感觉别人的生活方式有碍于你，可以与其进行沟通，委婉地提出，并适当地进行自我调整。需要注意的是，给别人提意见一定不能当着众人的面，以免使对方难堪。其次,要处理好同学之间的关系,还要做到对人宽、对己严,切忌以自我为中心。在平时的生活中,做到"三主动",即主动与同学打招呼、主动和同学讲话、主动帮助别人。

通过主动和积极的人际沟通,新生不仅可以建立和谐的人际关系,增进彼此间的理解,开阔心胸,还可取得更多的社会支持,从而使自己感受到充足的安全感、信任感和激励感,大大增强学习和生活的信心和力量。

## 【延伸阅读】

### 延伸阅读一

三国时期的蜀国,在诸葛亮去世后任用蒋琬主持朝政。他的属下有个叫杨戏的,性格孤僻,讷于言语。蒋琬与他说话,他也是只应不答。有人看不惯,在蒋琬面前嘀咕:杨戏这人对您如此怠慢,太不像话了!蒋琬坦然一笑,说:"人嘛,都有各自的脾气秉性。让杨戏当面说赞扬我的话,那可不是他的本性;让他当着众人的面说我的不是,他会觉得我下不来台。所以,他只好不作声了。其实,这正是他为人的可贵之处。"后人称赞蒋琬是"宰相肚里能撑船"。①

### 延伸阅读二

在一个偏僻的村子里,有两个很要好的朋友,他们每天都在一起玩。

有一天,烈日当头,万里晴空,他们准备出去打猎。

正在森林里走着,忽然看见一只大熊从树丛中跳出来,张开锋利的爪子准备袭击他们,在这紧急的情况下,一个人上了树,另一个人来不及上树,只好躺地装死。大熊走到躺在地上装死的猎人身旁,嗅了嗅走开了。

---

① https://wenda.so.com/q/1409980141727993

树上的人跳下树。装死的人问他的朋友:"你知道熊刚才对我说什么吗?"

"不知道。"

"它说以后千万要找一个真正的朋友一起打猎。"①

---

① https://wenku.baidu.com/view/e50932db5bcfa1c7aa00b52acfc789eb172d9ebd.html

# 第二章　人生的 N 种情绪

【章节解析】

情绪是一种重要且普遍存在的心理现象，是人们对客观事物或事件的态度、体验以及相应的行为反应，包含主观体验、外部表现和生理唤醒。情绪可以是个体对客观事物或事件的短期反应，也可以是长期的状态。在日常生活中，我们每时每刻都会经历不同的情绪，例如，当在比赛中获得优异的成绩，感觉到比别人优秀时，就会产生愉悦或兴奋的积极情绪；当考试失利，感觉到比别人差太多时，就会产生悲伤或沮丧的消极情绪。同时，受自身已有行为习惯和认知方式的影响，个体也会形成一种长期稳定的情绪状态。

情绪的产生是一种受多个因素影响的复杂过程。根据AREA模型的观点，情绪的产生要经过四个过程，即注意（Attend）、反应（React）、解释（Explain）和适应（Adapt）。[①] 当人们注意到客观事物或事件的时候会产生即时性的情绪反应。接下来，个体会根据环境、事件，以及自身的信念等因素试图对事件进行解释，以产生适应性的情绪。也就是说，个体为促进情绪适应，会从认知层面上对事物或事件进行认识和解释，改变或者调整个体对于事物或事件的情绪。例如，在一场比赛中，当个体得知自己获得优异成绩时就会产生愉悦或兴奋的情绪，但当得知自己最好的朋友发挥失常、成绩不理想时，有些个体会考虑到朋友的感受，降低自身愉悦情绪的表达，甚至为朋友的不利而表现出悲伤和惋惜，形成一种复杂的情绪以适应当时的情境；然而，有些个体则会觉得比赛本来就是优胜劣汰、存在输赢的事情，尽情地表现愉悦或兴奋的情绪。总之，情绪是一种受外界刺激（即事物或事件本身）和认知（对于事物或事件的看法和解释）等因素影响的主观体验，其中个体对事件的认知和

---

① 赵清玲. 大学生线上社会比较与积极/消极情绪的关系：同伴关系网络特征的调节作用［D］. 济南：山东师范大学，2019.

解释，尤其是其在长期生活实践中形成的认知特点会对情绪体验产生重要影响。同一事物或事件会因个体对事物或事件的认知和解释不同而引起不同的情绪体验。因此，在浏览某一事物时，个体会因对其认知和评价不同而产生不同的情绪。

目前情绪并没有一致的分类标准，将情绪分为基本情绪和复合情绪是受到多数研究者认可的分类方式。复合情绪由多种基本情绪混合而成，例如，愤怒、厌恶、轻蔑复合而成为敌意，痛苦、恐惧、愤怒、内疚复合而成典型的焦虑。

情绪也可以分为积极情绪和消极情绪两类（Watson，Tellegen，1985）。其中，积极情绪（Positive Affect）是指当客观刺激能够满足个体自身需要时，个体产生的积极感受，反映了个体感到热情、积极和愉悦的程度。相反，消极情绪（Negative Affect）是指当客观刺激不能够满足个体自身需要时，个体产生的消极感受，反映了个体主观感受到的痛苦和不愉悦的程度。高消极情绪是一种具有消极感受的情绪；低消极情绪则是一种冷静且平静的状态。

按照情绪发生的速度、强度和持续时间，可将情绪分为心境、激情和应激三种。

Ekman（1973）提出存在六种基本情绪：兴趣、快乐、厌恶、悲伤、恐惧、愤怒。而 Izard（1977）用因素分析的方法，提出人类的基本情绪，包括：兴趣、羞涩、快乐、蔑视、恐惧、悲伤、惊奇、羞愧、内疚、愤怒、厌恶等。[1]

## 【学习目标】

1. 展示我们的不同情绪。
2. 了解情绪对人际关系的影响。
3. 学会成为情绪的管理者。

---

[1] 薛璐. 教师自主支持与初中生学业自我效能感的关系：主动性人格与学业情绪的作用［D］. 济南：山东师范大学，2019.

## 【案例分享】

### 案例一

有一个叫爱地巴的人,每次和人起争执生气的时候,就会绕着自己的房子和土地跑三圈,然后坐在田地边喘气,气也慢慢消了。爱地巴工作越来越努力,他的房子越来越大,土地也越来越广,但不管房子和地有多大,只要与人争论生气,他就会绕着房子和土地跑三圈。所有认识他的人,都很疑惑,但是不管怎么问他,爱地巴都不愿意说明。

一次他的孙子恳求他:"阿公,这附近没有人的土地比你的大,您不能再像从前,一生气就绕着土地跑啊!您可不可以告诉我这个秘密,为什么您一生气就要绕着土地跑上三圈?"

爱地巴禁不起孙子恳求,终于说出隐藏在心中多年的秘密,他说:"年轻时,我若和人吵架、争论、生气,就绕着房子和地跑三圈,边跑边想,我的房子这么小,土地这么小,我哪有时间、哪有资格去跟人家生气,一想到这里,气就消了,于是就把所有时间用来努力工作。"孙子问道:"阿公,您年纪大了,又变成最富有的人,为什么还要跑?"爱地巴笑着说:"我现在还是会生气,生气时走三圈,边走边想,我的房子这么大,土地这么多,我又何必跟人计较?一想到这,气就消了。"①

### 案例二

周宣王很喜欢观看斗鸡,他的门下有位专门驯养斗鸡的纪浪子。有一天,有人从外地送来一只很强壮的斗鸡,周宣王很高兴地将它交给纪浪子。过了几天,周宣王便问道:"几天前交给你的斗鸡,训练得怎么样了?可以上场比斗了吗?"纪浪子说:"不可以,因为这只鸡血气方刚,斗志昂扬,还不宜上场。"又过了几天,周宣王又问同样的问题,纪浪子

---

① https://tieba.baidu.com/p/6351730559? red_ tag=1032829605

回答说:"还不能上场,因为这只鸡看到其他鸡的影子,就会冲动。"又过了几天,周宣王再问。这回,纪浪子说:"可以了!因为当它看到其他斗鸡,听到它们的声音时,一动不动,它的心已不受外物所动,就像木鸡一样,现在可以上场了!"

于是,周宣王便用这只鸡去斗鸡,它一上场就稳稳站立,毫无摆动,即使其他斗鸡在它身边百般挑衅,它仍然无动于衷,以眼睛注视对方,对方被吓得自然后退,没有一只鸡敢向它挑战。①

**案例三**

著名作家哈理斯和朋友在报摊上买报纸,朋友礼貌地向摊贩说了声"谢谢",但摊贩冷脸相对,一言不发。

哈理斯问:"这家伙态度很差,是不是?"朋友说:"他每天晚上都是这样的。"哈理又问:"那你为什么还是对他那么客气?"朋友回答:"为什么我要让他决定我的行为呢?"

启示:别人做错事或说话态度差,或许是他的习惯,或许是他心情不好,但是我们没有必要因为他而影响自己的心情。②

**【实践运用】**

1. 讨论发言

文字材料:今天是小玲的生日,原本父母承诺在她生日时要给她买一条漂亮裙子,因为要给生病的爷爷买药,家里钱不够,不能买了。一小时后,小玲跟一个朋友聊天,这位朋友邀请她去参加一个聚会。接着,小玲从老师那边得知她的一门课程考试不及格,需要补考。晚上小玲回到家里,家人在门口用微笑迎接她。

要求:找出这个故事中的各种情绪。

---

① http://www.sohu.com/a/220756228_100028727
② https://mp.weixin.qq.com/s/5DNF3cDlBxPGz72n2-UP0Q

## 2. 情景再现

将现场学生分为四组，确定四个主题：高兴、悲伤、愤怒、紧张，让每个小组以一个主题进行演示，表达主题相关的情境。

## 3. 思考题

面对各类突发状况，如何有效地控制自己的情绪？

## 【总结分析】

### 1. 积极情绪和负面情绪的影响

众所周知，情绪是人们与生俱来的，并伴随、贯穿人们思想行动的始终，对生活、工作、学习、健康都有很大的影响。

要想获得完满的人生，你必须借助积极情绪的力量。一方面，积极情绪能够提高主观幸福感。积极情绪扩展了心理活动空间，扩展了个体的瞬间思维活动序列，而心理活动空间的扩展增加了个体对于后来有意义事件的接受性，进而增加了体验积极情绪的机会和可能性。另一方面，积极情绪的表达能够促进心理健康。研究认为，所有积极情绪共享一种表情符号，即杜兴（Duchenne）式微笑——嘴角上翘并伴有眼周肌肉收缩。杜兴式微笑减少了人的痛苦，而且使人能够更好地调整自己。

反之，负面情绪会给人生带来消极影响。消极情绪会使人感到难受，抑制人的活动能力，使人动作缓慢、反应迟钝、效率低下。消极的情绪还会减弱人的体力与精力，让人在活动中感到劳累、精力不足、没兴趣。

### 2. 情绪对建立良好人际关系的作用

和人打交道时，拥有好情绪非常重要。心理学家研究表明，在第一印象形成过程中，主体的情绪状态具有十分重要的作用。情绪效应会传染，会通过你的姿态、表情、语言传达给对方，在不知不觉中感染到对方。在与陌生人打交道的过程中，你的情绪不正常，就可能导致对方的情绪不正常，而当对方情绪糟糕时，他可能会觉得你是一个讨厌的家伙，无法对你产生良好的第一印象。

人的基本情绪有喜悦、愤怒、悲哀、恐惧、嫉妒、挫折等。好情绪是人际关系的润滑剂。比如，喜悦有助于建立良好人际关系，它使人开朗和乐观，也使人热情、精力充沛，表现出更多的宽容与同情心，容易与人相处，从而有助于建立友谊，增进互动。

### 3. 如何调整情绪

一是学会倾诉。当我们情绪低落的时候，不要试着独处，让自己沉溺于低落的情绪之中，独自去愈合自己的伤口，而应该多与朋友交流。

二是培养兴趣。当我们做一件自己感兴趣的事情时，我们会觉得非常愉悦与快乐。因此我们要培养兴趣。

三是积极心态。当我们处于情绪低落的状态，我们更需要积极的心态，从积极的一面去想，从可能成功的一面去想，积极采取行动，努力去做。

四是多做运动。运动有助于减轻压力，对于身心都有极大的帮助。虽然情绪低落会影响运动的动力和体力，让人不想动，但是越是不想动，越应该动起来。

五是睡眠放松。美国心理学会的专家认为，有了旺盛的精力，才能抵制住压力的侵袭，睡眠便是一个重要保证。

## 【延伸阅读】

台球世界冠军已走到卫冕的门口了。他只要把最后那个8号黑球打进球门，凯歌就会奏响。就在这时，不知从什么地方飞来了一只苍蝇，第一次落在他握杆的手臂上，有些痒，冠军停下来。苍蝇飞走了。冠军俯下腰去，准备击球。苍蝇又飞来了，这回落在了冠军锁着的眉头上。冠军不情愿地停下来，烦躁地去打那只苍蝇。苍蝇又脱逃了。冠军做了一番深呼吸后再次准备击球，发现那只苍蝇又回来了，像个幽灵似的落在8号黑球上。冠军怒不可遏，拿起球杆对着苍蝇捅去。苍蝇受到惊吓飞走了，可球杆触动了黑球。按照比赛规则，该轮到对手击球了。对手抓住机会一口气把该打的球全打进了。

卫冕失败，冠军恨死了那只苍蝇。后来他患了不治之症，再也没有机会走上赛场。临终时他对那只苍蝇还耿耿于怀，一只苍蝇和一个冠军的命运连在一起，也许是偶然的，但倘若冠军当时克制怒火并静待那只苍蝇飞走，故事的结局也许会重写。①

---

① https://wenku.baidu.com/view/e3b746cc1fd9ad51f01dc281e53a580217fc507a.html

# 第三章　做情绪的主人

## 【章节解析】

情绪是身体对行为成功的可能性乃至必然性，在生理反应上的评价和体验，包括喜、怒、哀、乐等类型。行为在身体动作上表现得越明显，就说明其情绪越强。如，喜会手舞足蹈、怒会咬牙切齿、忧会茶饭不思、悲会痛心疾首，等等，都是情绪在身体动作上的反应。情绪无好坏之分，一般只划分为积极情绪、消极情绪。积极情绪表现为：和别人握手时，表现得热情、诚恳和自信；谈话时，轻松自如，不吞吞吐吐、慌慌张张，没有相互敌视和防范的心理和行为。消极情绪表现为：初次见面时被动握手；接触时距离保持过远；不太注意倾听对方的谈话，在对方说话时心不在焉或干一些别的事；会话时，相互猜疑，防范多于理解和谅解。情绪使我们的生活多姿多彩，同时也影响着我们的生活及行为。

虽然情绪本身没有好坏之分，但是情绪表达、控制不合理的话，会对身心健康以及人际交往产生不良的影响。

英国心理学家对六万名成年人进行调查研究发现，近15%的人有心理问题，女性要比男性多。年轻、有吸烟习惯、服用降血压药物者似乎较易有身心困扰，这些人往往收入也较低。跟踪8年后发现，有2 367人死于缺血性心脏病、中风与其他心血管疾病。①

事实上，许多中风病人的发病与情绪激动有关，尤其是经常有生气、恐惧、焦虑、兴奋、紧张、悲伤、嫉妒等情绪的病人，常常在这些情绪剧烈发作时或之后出现中风。经医学证实：这些情绪的经常刺激，能够引起大脑皮质和丘脑下部兴奋，促使去甲肾上腺素、肾上腺素及儿茶酚胺等血管活性物质分泌增加，导致全身血管收缩、心率加快、血压上升，使脑血管内压力增大，容易在已经硬化、失去弹性、形成微动脉瘤的部

---

① https://baike.sogou.com/v69304212.htm? fromTitle=%E8%B4%9F%E9%9D%A2%E6%83%85%E7%BB%AA

位破裂，从而发生脑出血。① 因此，在日常生活中，要注意自己的强烈情绪，一旦出现，需及时进行调整。如果注意保持心情平静，控制不良情绪，避免精神紧张和不良刺激，就有可能预防或减少中风的发生。平时可以多注意自己的心理健康，多进行一些放松的娱乐活动，如画画、练习书法、种花、养鸟、下棋、欣赏音乐等来调整自己的情绪。

【学习目标】

1. 了解情绪失控的后果。
2. 掌握平复情绪的小窍门。
3. 学会管理自己的情绪。

【案例分享】

### 案例一

成吉思汗带着一帮人出去打猎，他们一大早便出发了，可是到了中午仍没有收获，只好意兴阑珊地返回帐篷。成吉思汗心有不甘，便又带着皮袋，弓箭以及心爱的飞鹰，独自一人走回山里。烈日当空，他沿着羊肠小道向山上走去，一直走了好长时间，越来越口渴，但他找不到任何水源。

良久，他来到了一个山谷，见有细水从上面一滴一滴地流下来。成吉思汗非常高兴，就从皮袋里取出一只金属杯子，耐着性子用杯子去接流下来的水。当水接到七八分满时，他高兴地把杯子拿到口边，想把水喝下去，就在这时，一股疾风猛然把杯子从他手里打了下来。刚到口边的水被弄洒了，成吉思汗不禁又急又怒。他抬头看见自己的爱鹰在头顶上盘旋，知道是它捣鬼，非常生气，又无可奈何，只好拿起杯子重新接

---

① https://baike.baidu.com/item/%E8%B4%9F%E9%9D%A2%E6%83%85%E7%BB%AA/7439611?fr=aladdin

水喝。当水再次接到七八分满时,又有一股疾风把水杯弄翻,又是他的爱鹰干的。成吉思汗顿生杀心,想整治一下这家伙。

于是,成吉思汗一声不响地拿起水杯,重新接水。当水接到七八分满时,他悄悄取出尖刀,拿在手中,然后把杯子慢慢地移近嘴边。老鹰再次向他飞来,成吉思汗迅速拿出尖刀,把鹰杀死了。

不过,由于他的注意力过分集中在老鹰上面,疏忽了手中的杯子,因此杯子掉进了山谷。成吉思汗无法再接水喝了,不过他想到:既然有水从山上滴下来,那么上面应该有蓄水的地方,很可能是湖泊或山泉。于是他拼尽力气向上爬。他爬上山顶,发现果然有一个蓄水池。成吉思汗兴奋极了,立刻弯下身子准备喝个饱。忽然,他看见池边有一条大毒蛇的尸体,这时他恍然大悟:"原来飞鹰救了我一命,正因为它刚才屡屡打翻我杯子里的水,我才没有喝下被毒蛇污染了的水。"

成吉思汗在盛怒之下杀了爱鹰,明白事情的真相后又追悔莫及。如果他能忍住一时的怒气……但是没有如果,事情发生了就要有结果,正因为世上没有后悔药,所以在考虑后果前,不要在怒火中做出决定。①

### 案例二

从前,有一个脾气很坏的男孩,他的爸爸给了他一袋钉子,告诉他,每次发脾气或者跟人吵架的时候,就在院子的篱笆上钉一根钉子。第一天,男孩钉了37根钉子。后来他学会了控制自己的脾气,每天钉的钉子逐渐减少。他发现,控制自己的脾气,实际上比钉钉子要容易得多。终于有一天,他一根钉子都没有钉,他高兴地把这件事告诉了爸爸。

爸爸说:"从今以后,如果你一天都没有发脾气,就可以在这天拔掉一根钉子。"日子一天一天过去,最后,钉子全被拔光了。爸爸带他来到篱笆边上,对他说:"儿子,你做得很好,可是看看篱笆上的钉子洞,这些洞永远也不可能恢复了。你和一个人吵架,说了些难听的话,你就在他心里留下了一个伤口,像这个钉子洞一样。"插一把刀子在一个人的身

---

① https://wenku.baidu.com/view/90f0c324af45b307e871979b.html

体里，再拔出来，伤口难以愈合。无论你怎么道歉，伤口总是在那儿。要知道，身体上的伤口和心灵上的伤口一样难以恢复。

**案例三**

一个孩子跑到山上，无意间对着山谷喊了一声："喂……"

声音刚落，从四面八方传来了阵阵"喂"的回声。

大山答应了。孩子很惊讶，又喊了一声："你是谁?"

大山也回音："你是谁?"孩子喊："为什么不告诉我?"大山也说："为什么不告诉我?"

孩子忍不住生气了，喊道："我恨你。"他哪里知道这一喊不得了，整个世界传来的声音都是："我恨你，我恨你……"

孩子哭着跑回家，告诉了妈妈，妈妈对孩子说："孩子，你回去对着大山喊'我爱你'，试试看结果会怎样，好吗?"

孩子又跑到山上。

果然，这次孩子被包围在"我爱你，我爱你……"的声音中。孩子笑了，群山笑了。

有时候，我们总是在抱怨别人的态度太冷漠、情绪太不好，却不知自己是对方最好的镜子。如遇到这样类似的情况，不妨问问自己做了什么。想让别人爱你，你得先去爱别人。①

**【实践运用】**

1. 讨论发言

请学生列出三到四个管理强烈情绪的有益建议，并鼓励学生讲述自己曾经控制强烈情绪的事例，供其他同学探讨。

2. 情景再现

表演场景：昨天你和你的家人不在家的时候，有人闯入了你们家，

---

① https://mp.weixin.qq.com/s/YnBHaaZcz eYaqM8VFzrCAw

并把所有值钱的财物洗劫一空。

要求：将学生分为两组，一组学生用愤怒的情绪进行现场演绎，另一组学生表演用积极的心态去面对、解决这件事。表演结束后，让两组同学分别点评并进行总结。

3. 思考题

学习生活中控制强烈情绪的益处是什么？

**【总结分析】**

### 1. 情绪失控的后果

情绪产生是无意识的，在特定环境下产生特定情绪是一种本能。达尔文进化论派认为，情绪是与生俱来的，特定环境下产生特定情绪是自然选择结果，这和寒冷时汗毛会自动立起一样，情绪会自动产生。情绪失控具有危害性，在极端的情况下就像脱缰的野马，会把主人置于死地。

### 2. 管理强烈情绪的方法

一位西方学者说："你有能力选择自己的心情。生活中大部分压力毫无必要！45%的担忧永远不会发生；35%的忧虑涉及过去的决定，是无法改变的；12%的忧虑集中于别人出于自卑感而做出的批评；只有8%的忧虑可以列入'合理'的范围。"所以，管理强烈情绪是十分必要的。

一是呼吸放松调节法。通常情况下，呼吸是通过口腔和胸腔完成的，但呼吸放松调节法提倡腹式呼吸，它是一种以腹部作为呼吸器官的方法。

二是音乐调节法。音乐调节法是指借助情绪色彩鲜明的音乐来控制情绪状态的方法。现代医学表明，音乐能调整神经系统的机能，解除肌肉紧张，消除疲劳，改善注意力，增强记忆力，消除抑郁、焦虑、紧张等不良情绪。

三是合理宣泄调节法。合理宣泄调节就是把自己压抑的情绪向合适的对象释放出来，使情绪恢复平静。消极的情绪产生，人们觉得痛苦难忍，对这样的情绪如果过分强制和压抑会引起意识障碍，影响正常的心理活动，甚至会影响身体健康。当然，情绪宣泄要合理，要注意对象、场合和方式，不可超越法规纪律的范围。

四是理智调节法。不少消极情绪，往往是由于对事情的真相缺乏了解或者误解而产生的。需要冷静、理智地分析一下，自己对事物的认识是否正确。当发现事情并不像自己认为的那样时，消极情绪也就不解自消了。这就需要进行辩证思维，多方面、多角度去思考问题，当发现事情的积极意义时，消极情绪就可以转化为积极情绪。此外，还要学会"心理置换"，当与其他人争执而动怒时，设身处地为对方着想，也许就可以心平气和了。

五是暗示调节法。语言对情绪有极大的暗示和调整作用。当受消极情绪困扰时，可以通过语言的暗示作用，来放松心理上的紧张状态，使消极情绪得到缓解。比如，发怒时，可反复用语言暗示自己："忍得一时之气，免得百日之忧。"想发牢骚时，可用"牢骚太盛防肠断，风物长宜放眼量"等诗句暗示自己。实践证明，这种方法颇有良效。

## 【延伸阅读】

20世纪60年代早期，美国中西部的密苏里州的州议会议员竞选正在火热进行中。一位叫汤普森的人做过大学校长，极有才华，资历很高，本来是最有希望赢得选举的人。然而，因为他没有把握好竞选情绪，最后顺风顺水的选举毁于一旦。

被毁的竞选源于一个谎言。三年前，汤普森在该州首府的一次教育大会中，跟一位年轻女教师有严重暧昧行为。谣传，那个女教师是汤普森的情妇。

汤普森得知这件事后大怒，认为这纯属无稽之谈。他觉得这一定是对手威廉姆斯故意散播的。他将这样的诽谤记在心里，并且耿耿于怀。在随后的一场竞选演说中，他甚至当着威廉姆斯的面，开口为自己辩驳。辩驳没有带来任何益处，相反，谣言却愈演愈烈，开始有不少人相信那件事是真的。

为了替自己进行辩解，汤普森在公开的辩论会上失控，朝对他人品提出质疑的威廉姆斯质问道:"你去过那次教育大会吗?还是说你认识那个与我有暧昧关系的女老师?"

其实,事情发生在三年前,时间已经过去太久了,没人还记得那些细节。可是汤普森因为这样一件小事而怒气攻心,竟然不顾智囊团的反复劝诫,为了澄清自己,总拿来说事。说得久了事情没被澄清,民众的质疑和指责却铺天盖地而来。悲哀的是,因为汤普森的反复强调,人们开始对谣言信以为真,连他的太太也开始相信谣言,在选举中他最终败北了。①

---

① 陈洁. 因情绪失控而被毁的竞选 [J]. 思维与智慧, 2018 (05): 13.

# 第四章 拥有责任感

## 【章节解析】

德国哲学家康德曾说："每一个在道德上有价值的人，都要有所承担。"在整个道德体系中，责任位于很高的层次。作为一种道德情感，责任感是知、情、行的统一，是人的内在精神价值和外部行为规范的有机结合。

责任是指有胜任能力的人在社会生活中应承受的负担以及对自己选择的不良行为所承受的后果。责任对于每一个人而言都是发展的、具体的，有不同的内容，而且有一定限度。但从一般意义上讲，一个有明确的认知和理智行为的责任主体必须对他应该且能够做到的事情和自主选择的行为负责任。因此，从一定层面来讲，责任是社会发展、人生历程的基石和支柱，是社会良性运行的前提，是社会和谐稳定发展的关键。

## 【学习目标】

1. 了解有责任感的人的行为表现。
2. 了解责任感的重要性。
3. 掌握培养责任感的方式方法。

## 【案例分享】

### 案例一

1920年的一天，一个12岁的小男孩正与他的小伙伴玩足球，一不小心，小男孩将足球踢到了邻近一户人家的窗户上，一块玻璃被击碎了。

一位老人从屋里跑出来,大声责问是谁干的,伙伴们纷纷逃跑了,小男孩却走到老人跟前,低着头向老人认错,并请求老人宽恕。然而老人十分固执,小男孩委屈得哭了,最后老人同意小男孩回家拿钱赔偿。回到家,闯了祸的小男孩怯生生地将事情的经过告诉了父亲。父亲并没有因为其年龄还小而开恩,板着脸沉思着,一言不发。坐在一旁的母亲为儿子说情,开导父亲。过了不知多久,父亲才冷冰冰地说道:"家里虽然有钱,但是他闯的祸,就应该由他自己对过失行为负责。"停了一下,父亲还是掏出了钱,严肃地对小男孩说:"这15美元我暂时借给你赔人家,不过,你必须想法还给我。"小男孩从父亲手中接过钱,飞快跑过去赔给了老人。

从此,小男孩一边刻苦读书,一边用空闲时间打工挣钱还给父亲。由于人小,不能干重活,他就到餐馆帮别人洗盘子刷碗,有时还要捡捡破烂。经过几个月的努力,他终于挣到了15美元,并自豪地交给了他的父亲。父亲欣然拍着他的肩膀说:"一个能为自己过失行为负责的人,将来一定会有出息。"

许多年以后,这位男孩成为美国的总统。他就是里根,后来他还回忆说:"通过自己的劳动来承担过失,使我懂得了到底什么是责任。"[①]

### 案例二

2009年2月,一架小型客机在纽约州西部城市布法罗附近坠毁,机上49人和一名地面人员遇难。坠机发生后,曾有报道称机翼结冰是"肇事元凶"。然而随后公布的事实令人瞠目结舌:47岁的机长马文·伦斯洛和24岁的女副驾驶瑞贝卡·肖恩在事故发生前正在调情,虽然两人都提前发现挡风玻璃大量结冰,但是他们分心了,从而处置不当致使飞机坠毁。

另外,身为机长的伦斯洛的驾驶经验并不丰富,他自己透露说,当初被雇佣时的飞行经验只有625个小时。更要命的是,伦斯洛在职业生

---

① https://wenku.baidu.com/view/64864c7d18e8b8f67c1cfad6195f312b3169ebc6.html

涯中曾有 5 次飞行测试不及格，也没有足够知识和经验处理可能导致坠机的紧急事故，尤其不知道在飞机机翼和窗舷结冰时应该如何应对。因此，当这架客机在飞至接近布法罗机场时速度减慢，机长本应让自动安全系统自行启动，以避免客机失速，但心不在焉的伦斯洛反而推动操控杆，人为干扰自动安全系统，致使客机剧烈颠簸，最终失事坠毁。[①]

## 【实践运用】

### 1. 讨论发言

（1）请学生说说自己身边具有责任感的人，谈谈有责任感的人有哪些表现？

（2）讨论一下为什么有些人会选择不负责任。

（3）说说缺乏责任感的人会有哪些让人不满的地方。

（4）通过本节课的学习，你认为自己是否具有责任感，还需要做哪些改进？

### 2. 情境再现

表演场景：你假期在一家餐厅兼职打工，一天，店主安排你和另一个员工去打扫餐桌和走廊，打扫到一半的时候你的朋友找你来玩。此时负责任和不负责任的人会分别怎么做？

要求：请同学们分成两组进行情境演练，一组表演负责任的人的行为，另一组表演不负责任的人的行为。通过两种不同情境的表演，大家有怎样的体会？

### 3. 思考题

（1）负责和不负责的两种情况分别会带来什么样的结果？

（2）哪些事体现了你的责任感？哪些事体现了你缺乏责任感？你打算怎么改进？

---

① https://www.linkedin.com/pulse/没有责任感你能走多远-lucent-lu/

## 【总结分析】

### 1. 具备责任感的重要性

责任感创造奇迹。在这个世界上,但凡做出重大贡献的杰出人物,能够创造奇迹皆由其责任感使然,甚至这些人在并非自己最喜欢和最理想的工作岗位上,也可以创造出非凡的业绩。美国著名心理学博士艾尔森对世界100名各个领域中的杰出人士做了调查,结果证明其中61名是在并非自己喜欢的领域里取得了辉煌的业绩。他们正是在高度责任感的驱使下,才取得了令人瞩目的成功。

责任感是人的基本道德规范,只有在责任感的基础上,才能架构整个道德体系的各种元素,没有责任感也就没有道德。因此,责任感在人的素质结构中处于核心地位。如果缺乏责任感在社会中成为一种流行趋势,会导致社会力量无法凝聚,从而抑制社会的长期繁荣和持续发展,社会的和谐程度也会受到损害,严重时甚至会使公平、公正、正义的现代社会核心价值观体系崩溃,给国家和社会带来不可磨灭的灾难。

### 2. 培养责任感需要家校联合

培养个人的社会责任感,需要学校和家庭共同形成合力。

就家庭而言,父母是孩子成长的第一任老师,父母的教养方式、家庭的氛围都直接影响着孩子责任感的形成。父母应让子女从家务做起,从点点滴滴抓起,逐步增强子女负责的意识和能力;从对家庭负责开始,进而帮助他们超越个人的利益,了解周围的世界,形成公民的社会责任意识。在监督孩子的同时,父母本身也要以身作则,率先示范,在道德品质、学识学风上,为孩子树立好的榜样。父母要多关注孩子的思想取向,多与自己的孩子和学校教师交流沟通,及时了解他们的道德观念,并给予积极和正确的引导。

就学校而言,除了要完善和深化教育内容以及改进教育方式外,还要完善责任感教育的评价、监督、奖惩机制,营造从教学到教育、从管理到服务、从学生的学习到生活全方位的责任感教育氛围。通过这些措施让学生在学校中承担各种责任，获得直接而深刻的责任体验。同时，使他们明白，如果有责而不担，将会受到相应的惩罚，付出相应的代价，从而促使学生的责任感从他律阶段向自律阶段转变。

### 3. 培养责任感需要从小事做起

习惯成自然。当一个人自发做事时便不会觉得厌烦。当个人把责任感变成一种习惯时，做事认真负责便会逐渐融入他的生活态度，不再需要他人的刻意提醒和监督。当遇到事情时，不会习惯性地推脱，有时犯了小错误也会对自己所造成的麻烦表示歉意，并及时纠正，这样更会赢得他人的尊重。责任感不分大小，再小的事情，也要有责任和担当意识，这样会逐步塑造出领袖气质。

## 【延伸阅读】

苏珊出身于中国台北的一个音乐世家，从小就受到了很好的音乐启蒙教育，她非常喜欢音乐，期望自己一生能够驰骋在音乐的广阔天地里，但她阴差阳错地考进了工商管理系。

一向认真的她，尽管不喜欢这一专业，还是学得格外刻苦，每学期各科成绩均是优异。毕业时被保送到美国麻省理工学院，攻读MBA（工商管理硕士），后来，她又以优异的成绩拿到了经济管理专业的博士学位。

如今她已是美国证券业界的风云人物，在被采访时她依然心存遗憾："老实说，至今为止，我仍不喜欢自己所从事的工作。如果能够让我重新选择，我会毫不犹豫地选择音乐。但我知道那只能是一个美好的'假如'了，我只能把手头的工作做好……"

艾尔森博士直截了当地问她："既然你不喜欢你的专业，为何你学得那么棒？既然不喜欢眼下的工作，为何你又做得那么优秀？"

苏珊的眼里闪着自信，十分明确地回答："因为我在那个位置上，那里有我应尽的职责，我必须认真对待。不管喜欢不喜欢，那都是我必须面对的，都没有理由草草应付，都必须尽心尽力、尽职尽责，那不仅是对工作负责，也是对自己负责。有责任感可以创造奇迹。"

任何抱怨、消极、懈怠都是不可取的。唯有把工作当作一种不可推卸的责任担在肩头，全身心地投入其中，才是正确与明智的选择。正是在这种"在其位，谋其政，尽其责，成其事"的高度责任感的驱使下，出色的人才赢得了令人瞩目的成功。"兴趣是最好的教师""做自己想做的事"，这些话耳熟能详。但是，"责任感可以创造奇迹"却容易被人忽视。对许多杰出人士的调查说明，只要有高度的责任感，即使并非在自己最喜欢和最理想的工作岗位上，也可以创造出奇迹。

# 第五章 学会倾听

## 【章节解析】

戴尔·卡耐基说过:"一个人事业上的成功,只有25%是由于他的专业技术,另外75%要靠人际关系。"沟通是获得良好人际关系的前提,而倾听是沟通的前提和必要保障。倾听是一门生活艺术,在家庭生活中,倾听有助于家庭生活的和睦;在朋友之间,倾听有助于赢得朋友的信任和重视;在工作单位,倾听促进合作效率的提高。总之,在这个人与人之间无时无刻不在进行各种交际的社会,倾听是一项非常重要的沟通技巧。

倾听不是简单地用耳朵听,还需要一个人全身心地去感受对方的谈话,在谈话过程中接收言语信息和非言语信息,尽可能地与对方产生共鸣。因此,听者对于交谈的投入绝不亚于说话者,是一种"闪闪发光"的沉默。

## 【学习目标】

1. 了解倾听的行为表现。
2. 了解倾听的作用和意义。
3. 掌握倾听的技巧和方法。

## 【案例分享】

### 案例一

韦恩是罗宾见到的备受欢迎的人士之一。韦恩总能受到邀请,经常有人请他参加聚会,共进午餐,担任客座发言人,打高尔夫球或网球。

一天晚上,罗宾碰巧到一个朋友家参加一次小型社交活动。他发现韦恩和一个漂亮女士坐在一个角落里。出于好奇，罗宾远远地注意了一段时间。罗宾发现那位年轻女士一直在说，而韦恩好像一句话也没说。他只是有时笑一笑，点一点头，仅此而已。几小时后，他们起身，谢过男女主人，走了。

第二天，罗宾见到韦恩时禁不住问道："昨天晚上我看见你和一位迷人的女士在一起，她好像完全被你吸引住了，你怎么抓住她的注意力的？"

"很简单。"韦恩说，"我只对她说：'你的皮肤晒得真漂亮，在冬季也这么漂亮，是怎么做的？你去哪儿了？阿卡普尔科还是夏威夷？'接下去的两个小时她一直在谈夏威夷。今天早晨她又打电话给我，说她很喜欢我陪她。她说很想再见到我，因为我是有意思的谈伴。但说实话，我整个晚上没说几句话。"

看出韦恩受欢迎的秘诀了吗？很简单，韦恩只是让那位迷人的女士谈自己。他对每个人都这样，只说"请告诉我这一切"，这足以让一般人激动好几个小时。假如你也想让大家都喜欢你，那么就尊重别人，让对方谈论感兴趣的话题，并给予回应。①

### 案例二

乔·吉拉德被誉为当今世界上最伟大的推销员，其中有一件事让他终生难忘。在一次推销中，乔·吉拉德与客户洽谈顺利，就要签约时，对方却突然变了卦。

当天晚上，按照顾客留下的地址，乔·吉拉德找上门去求教。客户见他满脸真诚，就实话实说："你的失败是由于你自始至终没有听我讲话。就在我准备签约前，我提到我的独生子即将上大学，而且还提到他的运动成绩和他将来的抱负。我是以他为荣的，但是你当时却没有任何反应，而且还转过头去用手机和别人讲电话，我就改变主意了。"

此番话提醒了乔·吉拉德，使他领悟到"听"的重要性，让他认识

---

① https://wenku.baidu.com/view/0bd48d098e9951e79a892723.html

到如果不能自始至终倾听对方讲话的内容，认同顾客的心理感受，难免会失去自己的顾客。以后再面对顾客时，他就非常注意倾听他们的话，无论是否和交易有关，都给予充分的重视。最终，他成为一名推销大师。①

## 【实践运用】

### 1. 讨论发言

（1）你身边有没有善于倾听的人，如果有，回想一下他是怎么倾听的？如果没有，你觉得周围不善于倾听的人是怎么表现的？

（2）你喜欢和善于倾听的人一起交谈吗？为什么？

（3）倾听在我们生活中有重要意义，除了下文"总结分析"中提到的倾听技巧，你还能补充一些倾听的方法吗？

### 2. 情境再现

表演场景：你的男/女朋友因为一件小事要和你分手，你为此很苦恼、不开心，想和朋友聊聊这个事情。

要求：请同学们两人一组进行情境演练。一名同学扮演倾诉者，另一名同学担任倾听者，使用课上学到的倾听技巧，对话期间用提问的方式给予倾诉者回应。

### 3. 思考题

（1）在朋友倾诉之间的倾听与在工作中的倾听技巧会有不同吗？如果有，哪里不同？如果认为没有不同，请说明理由。

（2）倾诉者认为在情境中扮演倾听者的同学表现如何？倾听者认为自己还有哪些需要改进的地方？

## 【总结分析】

### 1. 倾听在生活中的重要性

倾听是沟通的基础，通过倾听可以获得很多信息。这些信息可以帮

---

① https://zhidao.baidu.com/question/336068512.html

助倾听者了解说话者的意图与需求。在倾听的时间里，大脑可以对各种信息进行过滤和处理，收集有用信息。同时，不善于表达的人，只要善于倾听同样能使得沟通顺畅，有利于人际关系的开展。

另外，善于聆听其实是一种难能可贵的品德，也是一种与人为善、心平气和、谦虚谨慎的姿态。倾听能消除倾诉者的压力，帮助他理清思绪，发泄情绪。在生活中，向别人倾诉的人很多，但是能够听别人倾诉的人却不多。但人们喜欢的是肯耐心听别人说话的人，而不是那些争着要发表自己高见的人。倾听可以使他人感受到被尊重和被欣赏。倾听者用温暖的笑脸去面对倾诉者，加强彼此的沟通和交流，可以获得对方的喜欢与信任，从而走进对方的心灵，是获得朋友信任、拓展人脉的一种手段。少发言、多听别人说话不仅能提高自己的思考能力，更能让自己认识到每一个人的内心世界。

2. 学会倾听的方法

（1）控制自己的情绪。有些话题可能自己感兴趣，有些话题可能会趣味索然；有些话题可能关系到你的切身利益，有些话题可能和你毫不相关；有些话题攻击的可能是你和你的朋友，有些话题可能是出于愤世嫉俗。这些话题对个人来说是有区别的，但对于倾诉者来说，它们同样重要。所以，我们不能以自己的好恶来决定应该重点听哪些内容，更不能把自己的情绪反映到自己的脸上。

（2）倾听别人的谈话要注意信息反馈。倾诉者一个人说很多话，自己也会感到疲惫，这时可以适时将对方的话题引向深入。这一点在对方情绪激动的时候尤为重要，倾听不只是听却不参与对话，而是要通过简洁的对话让对方把心里话说出来，这会使得谈话变得真诚而有效率。

（3）倾听的姿势和眼神交流也很重要。倾听时参与谈话的姿势应该是放松的。保持坦然直率的姿势，手臂不要交叉，不要僵持不动，要随着对方的表达适当做出反应。眼神要与被倾听者有所交流，目光可以表达各种情感和思想，会让倾诉者感受到你的真诚，而不是心不在焉或冷漠。

## 【延伸阅读】

人生是一首优美的乐曲，其中有欢乐的音符也有痛苦的音符，要认识这些音符，那就应该去倾听。一旦你有了这种认识，你就会觉得倾听就在你身边。人生又是一望无际的大海，有骤然翻起跳跃着的水花，也有波澜起伏的大浪。要感受这海之心声，那就应该去倾听。一旦你有了这种感受，你就会感到倾听就在你身旁。

倾听是心灵之花。倾听能折射出纯洁而热情的光芒。倾听是一缕清风，它能吹散笼罩在人们心头的阴霾；倾听是划破漆黑夜幕的流星，能给人们带来希望；倾听是一朵开不败的花，它能绽放着生命之蕊，换取人们的欣赏和信任。

倾听长者的教诲，就如同读一本好书，受益匪浅。倾听朋友的诉说，共同分享快乐，分担痛苦。倾听他人的牢骚，让他人感到舒畅、满足和轻松。闲暇之际，独步山间树林，倾听大自然的声音：鸟儿的歌唱，昆虫的鸣叫，水泉的咚咚，山风的呼啸……让人寻找到属于自己的那片热土，让人寻回内心深处最美丽的真实。

在跋涉的道路上，跌倒时希望有人扶持，忧虑时希望有人分忧，寂寞时希望有人陪伴，失败时希望有人鼓励。这都需要倾听。渴望倾听之人对倾听的向往如同"青青子衿，悠悠我心"般迫切。倾听是春天刚发芽的嫩草，充满活力与希望，也给人带来力量和希望。倾听是炙热夏日里的一阵凉风，把枯燥与烦闷一拂而尽，送来愉悦轻松的感觉。

# 第六章　讲卫生与注重仪容仪表

【章节解析】

现实生活中人们总会有意无意地根据一个人的相貌、服饰、发型、手势、声调和语言等判断一个人的修养、生活方式、知识层次、家庭出身等。张爱玲曾说过,衣服是一种言语,是随身带着的一种袖珍戏剧,这幕戏剧里藏着个人的品位修养、生活状态和人生态度。

仪容指人的外貌。清洁卫生是仪容美的前提,也是仪容美的关键。因此想要有一个好的外在形象,首先要注重个人清洁卫生。在与他人见面,尤其是和陌生人初次见面时,服饰首先进入人们的眼帘。身穿整洁、得体的服饰会给人留下良好的印象。

【学习目标】

1. 了解卫生与仪容仪表的含义。
2. 理解卫生和仪容仪表对个人的重要性。
3. 认识保持卫生和良好仪容仪表的方式。

【案例分享】

案例一

联合国儿童基金会曾做过一个试验,测试同一个小孩如果以穿得漂亮和脏破两种形象独自走在大街上,路人是否会留意和关心。六岁的 Anano 是这个实验的主角。

在格鲁吉亚街头,Anano 穿上质感很好的裙子和小大衣,一个人静静地站在那里。看起来就像是一个有钱人家的小孩不小心走丢了一样。很快,就有陌生人来关心她。路过的人纷纷对这个落单的小姑娘释放了善意。他们问她叫什么名字,几岁了,住在哪里。看着她可怜的样子,有人蹲下来关心她是不是走丢了。有人甚至拿出手机,不知道是要打电话询问还是要报警。大家都显得非常有爱心。

此后,Anano又换了一副打扮。那个干净可爱的小姑娘不见了,化妆师把她打扮成了一个邋遢的、衣衫褴褛的流浪的小姑娘。同样的地方,同样的Anano,她还是静静地站在那里。广场上依然有那么多人,熙熙攘攘,人来人往。然而,没有一个人过去问她。可怜的Anano就这样站着,像是站在一个被遗忘的角落,暗淡又不知所措。最后她说:"我觉得很难过,大家都叫我快走开,因为我的脸上有脏脏的烟灰,我穿着肮脏的衣服。"很多时候我们对别人的判断,仅仅依赖对方的穿着。即便对方只是一个小孩子[①]。

### 案例二

刚从大学毕业的刘梅进入了一家偏时尚类的电商企业,专注于饰品的线上销售。虽然是互联网公司,但是也需要和传统行业相结合,经常需要和一些朋友谈一些商业合作。刘梅刚进公司时,大家都是学生装扮,初入职场的刘梅一心一意扑在工作上,觉得做事认真负责就够了,但是事实证明,只有认真是不够的。

有一次,公司老板带着她和其他几位刚入职的新人出差,参加一个世界性展会,老板布置了一个任务:一个人必须独立谈成五个合作,不管是国内企业还是国外企业。大家都觉得老板很重视自己,每一个人都跃跃欲试。可结果是,一天展会下来,刘梅和其他几个新人都处处碰壁,别说五个,就连谈成两个的都少。彼时他们感叹这个世界对新手真是残忍,抱怨这个社会不给新手机会。但有一个同事不一样,他走在展会里,都是别人主动和他打招呼,主动问他是不是来寻求合作的,他谈成的合作不止五个。大家特别诧异,同样是刚毕业,他的能力也没有比我们强,

---

① https://www.sohu.com/a/158936834_507459

学历也不比我们高，为什么他在展会里随便走一走就能成功？

后来公司老板听到了刘梅几个人的疑惑，说道："因为你们穿得太随意了。再看看张亮，白衬衣、西装裤、干净的皮鞋、界限明显的三七油头，连包也是精致挑选的牛皮文件包……"回过头想想，大家平常觉得张亮臭美，还总是打趣他说是来参加选美，但是想不到他那正式的穿着打扮，对工作很有用[1]。

**【实践运用】**

1. 讨论发言

（1）思考下自己有没有在某个场合觉得格格不入的经历？是什么原因导致的？

（2）回想一下你和班级某个同学初次见面的时候，你对他的第一印象是怎样的？为什么给你留下这样的第一印象？

（3）你注重自己的仪容仪表吗？每天会用多长时间打扮自己？

（4）学校对学生和老师都有仪容仪表的要求，这是为什么？

2. 情境再现

表演场景：现在你们马上要毕业了，都在投简历找工作。其中，钱思思和张伟同学都收到了某著名医疗器械公司的面试邀请，将在同一天面试。在面试当天，张伟同学在乘地铁时，衣服蹭到了其他乘客的早点油渍，出地铁时，鞋子也不幸被踩。

要求：请同学们分成三组进行情境演练，一组表演讨论如何给钱思思服装搭配，并派一人表演钱思思；另一组给张伟同学出主意，讨论如何补救，并派一人表演张伟。剩下一组表演面试官。

3. 思考题

（1）如果张伟同学在面试时衣服上有明显的污渍，鞋面被踩脏，面试官对他会有什么第一印象？

---

[1] 王大纯. 你的外在形象就是你的优势[J]. 文苑，2017（2）：76-77.

（2）面试官应当有怎样的着装？

**【总结分析】**

1. *卫生和良好仪容仪表的重要性*

个人形象，是自己的，也是社会的。它是能引起人们对你付出情感、进行评头品足的一种客观物。中国俗语说："人靠衣裳马靠鞍"，国外也有一句俗语："你就是你所穿的！（You are what you wear!）"在现代社会，服装成了自我展示和表现成就的工具。良好的仪容仪表在无声地帮你交流、沟通，传递你的信息，告诉人们你的社会地位、个性、职业、收入、教养、品位、发展前途等。

仪容仪表与事业成功密切相关。外在形象既可以为事业的成功起推波助澜的作用，也可以破坏或阻挡事业的顺利发展。创立一个可信任、有竞争力、积极向上、有时代感的形象，在群体中更容易获得他人的信任。同时，保持良好的形象会让自己对个人言行有更高要求，能唤起自身内在沉淀的优良素质。

仪容仪表与个体社交密切相关。美国心理学家研究发现，关于第一印象的定律，55%来自人们的外在形象，如妆容、发型及服饰风格；38%来自肢体语言及语调；7%来自交流沟通。因此，在第一印象中起着决定性作用的是仪容仪表。干净卫生、整洁得体的穿着让人赏心悦目，更容易给人好感，甚至使人愿意帮助你。

2. *注重卫生和穿着合适*

不注重个人卫生不仅容易致病，也影响人际交往。油腻的头发、灰色的指甲、布满污渍的衣服、鞋袜等，不由让人要远离。邋遢、不整洁的外表让人觉得这是一个不爱干净、散漫懒惰、缺乏耐心和教养的人。人们更爱和干净整洁的人亲近。因此，养成良好的卫生习惯，勤洗脸刷牙、勤洗衣服鞋袜等是保证良好人际交往的第一步。

如果说人们的长相、身材难以调整，那么穿着却是可以变化的。挑选服饰应当结合自己的性格特质，也要注意活动场合。重视穿衣打扮并不意味着高档昂贵服装才合乎身份,过度的堆砌和使用会让人觉得庸俗或有距离感。如果穿上与内在气质、性格不相符的服装,也会使自己在说话及使用肢体语言时充满不协调。此外,分场合穿衣服也很重要,会让自己更容易融入当时的场景,开展交际,发挥才能。

【延伸阅读】

美国商人希尔十分清楚,在商业社会中,一般根据一个人的衣着来判断对方的实力。因此,他先去拜访裁缝,靠着往日的信用,订做了三套昂贵的西服,共花了275美元,然后又买了一整套最好的衬衫、领带及内衣裤,当时他的口袋里仅有不到1美元的零钱,而这时他的债务已经达到675美元。每天早上,希尔都会穿一整套全新的衣服,在同一时间里与一位出版商"邂逅",礼貌地向他打招呼,并偶尔聊上一两分钟。

这种例行性会面大约进行了一星期之后,出版商开始主动和希尔搭话,并说:"你看起来混得相当不错。"接着出版商就想知道希尔从事哪一行。因为希尔的穿着表现出极有成就的气质,再加上每天一套新衣服,已经引起了出版商的极大好奇,这正是希尔盼望的事。希尔于是很轻松地告诉出版商:"我正在筹备一份新的杂志,打算在近期出版,杂志的名称为《希尔的黄金定律》。"出版商说:"我是从事杂志印刷和发行的,也许我可以帮到你。"这正是希尔等候的那一刻,而当他购买这些新衣服时,他已想到了这一刻。这位出版商邀请希尔到他的俱乐部,说服了希尔答应和他签约,由他负责印刷和发行希尔的杂志。发行《希尔的黄金定律》这本杂志所需的资金至少要三万美元。而其中的每一分都是从漂亮衣服所创造的"广告效应"上筹集来的。所以说,仪表的力量在社交场合是不容忽视的,我们应该学会运用服饰这一武器"武装"自己,获得成功。

# 第七章　第一印象

## 【章节解析】

第一印象又叫作"初次印象",指的是两个素不相识的人,在交往过程中给对方的第一感觉,是对一个人形成的最初看法。

人们通常根据第一印象将他人进行归类,然后再从这一类别系统中对这个人加以推论与判断。一旦第一印象形成,就会伴随着影响人在社交和工作场所中的认知偏差,也就是会不自觉地形成偏见。

形成第一印象的途径有两条,一条是直接的,另一条是间接的。直接的是指通过双方的直接接触,获得在外表形象上的评价,比如说,相貌身材、言谈举止、妆容装束等。间接的是指通过别人的介绍或者是从朋友圈等社交媒体上得知的情况。所以初次见面时,对方的仪表、风度所给我们的第一印象,往往形成日后交往时的依据。

## 【学习目标】

1. 认识第一印象的常见类型。
2. 理解建立良好的第一印象的重要性。
3. 学习如何建立良好的第一印象。

## 【案例分享】

### 案例一

有人做过这样一个试验:分别让一位戴金丝眼镜、手持文件夹的青年学者,一位打扮时尚的漂亮女郎,一位挎着菜篮子、脸色疲惫的中年妇女,一位留着怪异头发、穿着邋遢的男青年在公路边搭车,结果显示,漂亮女郎、青年学者的搭车成功率很高，中年妇女稍微困难一些，那个男青年就很难搭到车。

### 案例二

威廉·罗克森在加拿大某移民律师行工作。1998年，被委派到中国寻找合作伙伴。经人介绍，他与中国某公司的李总首次相会。威廉·罗克森被引进李总的办公室，看见一个中年男子坐在办公桌后打电话。他穿着灰棕色的、人造纤维的格子西服，一条花亮的领带露在他V形口的毛衣外面，张口讲话时，一口黑黄的牙齿暴露无遗。电话中，他大声地训斥着对方，然后，毫不客气地猛然摔下电话。

"噢！上帝啊！这就是公司的老总？"。威廉·罗克森心里不免非常失望，李总与威廉·罗克森象征性地握了握手，"冷酷的、拒人千里之外的、死鱼似的握手"，威廉·罗克森心中的失望又增加了一分。会谈结束后，李总邀请威廉·罗克森共进午餐，在座的还有威廉·罗克森的那位身材略胖的同事以及李总的两位副手。就餐时，话题无意间进入饮食与肥胖的关系，李总旁若无人地指责胖人没有节制饮食。威廉·罗克森的胖同事低头不语，敏感的威廉·罗克森举杯转移话题。

最终，他们之间没有结成商业联盟，威廉·罗克森谈到这段经历时说："他留给我一个永不可磨灭的、可怕的、恶劣的印象。从我一进门的瞬间，他那张冷酷不带微笑的脸和那双死鱼般的手，都在告诉我这是一个冷酷的、没有修养的人。在餐桌上的表现，进一步证明了我对他的第一印象。他不但没有修养，简直没有教养，不懂得一点点为人的基本的礼貌。想象与这样的人合作，经营会有什么样的后果！我更无法理解，他为什么可以坐在公司老总的位置上？他早就应该在大浪淘沙时，被时代淘汰掉。"

### 【实践运用】

1. 讨论发言

（1）请同学们说说今天对老师的印象，并解释产生这种印象的原因。

（2）请同学们说说与某些人初次见面时的印象和情景，并说出对方留给自己深刻的第一印象的原因。

（3）请同学们讨论，和同龄人在一起是否应该注重着装和行为举止？这些属于表面功夫吗？有些人因为着装或行为举止受到不同对待，属于不公平对待吗？

（4）请同学们各抒己见，对比学校、家里和工作场所，着装和行为举止会有哪些区别？

（5）请同学们说说在特殊场合下，如何给对方留下良好的第一印象？

（6）在本课中你学到了什么？你是否愿意改变一些你之前的做法？

2. 情境再现

表演场景：小王是名大三的学生，正和同学们一起投简历等待面试。这天，电话铃声响了，原来是年岁已高的外婆生病住院了，小王很着急，想赶回去看望外婆。没过一会儿电话铃声又响了，是一家公司的人事通知小王尽快参加面试，小王既激动又愁闷地挂了电话。

要求：请同学们分成两组进行情境演练，一组展现消极的第一印象带来的失败经历；另一组展现良好积极的第一印象带来的成功经历。通过两种不同情境的表演，大家有怎样的体会？

3. 思考题

（1）说说和你第一印象大不一样的人之间的故事。

（2）求职面试时，第一印象取决于外在形象吗？请解释说明。

【总结分析】

1. 第一印象的常见类型

常见的第一印象分为三种。

（1）积极印象，也就是常说的好印象，属于加分项。比如，某同学在做自我介绍时，落落大方且十分幽默，让人印象深刻，大家不仅一下记住了他的名字，还很乐意跟他交朋友。

（2）一般印象，指印象不深，不加分也不减分。比如，某同学在参加姐姐的聚会时，由于性格内敛，外加相互不太熟悉，基本没怎么主动跟别人讲话，只是有礼貌地微笑或简单寒暄，吃饭结束后大家对她并没什么太深的印象。

（3）消极印象，就是常说的不好的印象，属于减分项。比如，某同学在参加学生会面试时迟到了，没有礼貌且说话带脏字，回答问题磕磕巴巴、思路不清，面试官均表示面试不通过。

### 2. 建立良好第一印象的重要性

第一印象真的很重要。一个人的第一印象往往会给对方留下很深的烙印，如果你在第一次交往中给别人留下了好印象，别人就乐于跟你进行第二次交往；相反，如果你在第一次交际中表现不佳或很差，往往很难挽回。因此，在与人初次交往的过程中，要注意给人以良好的第一印象。

"良好的开端是成功的一半。"社交的开端——第一印象，同样会决定一个人的交往"命运"。第一印象是在社会交往中得到的关于对方的最初印象，第一印象的好坏往往决定交往的成败。良好的第一印象会给对方带来好感，从而决定是否愿意深入接触。我们常说"给人留下一个好印象"，一般就是指第一印象，说的是与人第一次交往时给人留下的印象。因此，在人际交往和工作面试等社交活动中，我们可以利用这种效应，展示一种极好的形象，为以后的交流和沟通打下良好的基础。

有一句谚语是这样说的：第一印象永远不可能有第二次机会。可见，良好的第一印象是交往成功的开始。第一次与人沟通是后续成功发展的关键。人们对你形成的某种第一印象，通常难以改变。而且，人们还会寻找更多的理由去支持这种印象。因此，初次见面就给人留下好印象，有助于增强人际间的吸引力，能够将别人的眼光、信赖、好感等都吸引到自己的身上，能够让你建立自信，积极潇洒地投入到社会生活之中。

### 3. 如何建立良好的第一印象

卡耐基说过："良好的第一印象是登堂入室的门票。"不可否认，给他人第一印象的好坏直接影响你受欢迎的程度。美国心理学家亚瑟所做的有关第一印象的研究指出，人们在会面之初所获得的对他人的印象，往往与以后所得到的印象相一致。那么，怎样才能给人良好的第一印象呢？从根本上说，它离不开提高文明程度和修养水平，离不开经常进行心理锻炼。心理学家提出下面几条建议。

（1）注意仪表。仪表是一个人内部思想的体现，它反映了个体内在的修养。得体的仪表，是展现个人魅力的重要手段之一。第一次见面时，别人是没办法去了解你的内在美的，而你体现在着装上的个性让别人一眼就看得明白。如果你穿得得体，就会给别人留下一个好的印象。注意自己的穿着，不一定要穿上最流行、最时髦的衣服，只要穿着整洁，适合你的性格和体型就可以了。

（2）注意谈吐。一个人的谈吐可以充分体现其魅力、才气及修养。一个人有没有才气最容易从讲话中表现出来。在谈话时，要注意环境，决不要喧宾夺主，自说自话。风趣、幽默的言谈给人以听觉的享受和心灵的美感。

（3）展现风度。风度是一个人的性格和气质的外在表现，是在长期的社会实践中所形成的性格、气质的自然流露，属于一个人的外部形态。要有美的风度，关键在于个人在实践中培养自身美的本质，形成美的心灵。古人早就说过："诚于中而形于外。"心里诚实，才有老实的样子。当然，人的风度是多样的，不能强求一律。风度的多样性，是由人的性格、气质的多样性所决定的。但是，无论怎样的性格、气质，还是风度，都应当体现出美的本质。只有美的心灵、美的性格和气质，才能有美的风度。

（4）注意行为举止。行为举止是一个人内在气质、修养的表现。男子的举止要讲究潇洒、刚强。女子的举止要注意优美、含蓄。在一般情况下，大方、随和、乐观、热情的人总受人欢迎，炫耀、粗鲁或过于拘束的人则让人生厌。

**【延伸阅读】**

良好的第一印象，是成功的基础。

## 第七章　第一印象

人们常说"不要以书的封面来判断其内容",但是人总是先以书的封面判断其内容,包括你和我。我们不可能在读完一本书之后,再决定是否买它。人际间的第一印象也是如此,往往几分钟就会形成偏见。

第一印象只有一次,无法重来。我们常听人讲:"一看就知道他是一个……的人。"这就是第一印象。"一看"无非花几秒钟时间,却往往决定了他人在你心中的形象。第一印象在人的社会影响力中,起着太大的作用,但常常被人们忽视。人与人之间能否建立良好的友情,能否建立信任与合作,相互之间是否会产生影响,第一关就在于初次见面,必须好好表现,才会有下一次见面的机会。如果你不想丢失任何成功的机会,别忘记第一印象的作用。

生活中,一个人如何才能给人留下良好的第一印象呢?从根本上讲,为了给人留下好的第一印象,我们需要提高自己的礼仪和修养水平,需要不断地进行相应的心理锻炼。事实上,每个人都应该对自己能否给别人留下良好的第一印象负责。具体来说,为了给人留下良好的第一印象,我们可以从以下几个方面入手。

### 1. 自信

自信是指人们对自己的才能、知识、素质、修养和外表的自我认知和肯定。

一个年轻人为了让女朋友的父亲同意两人结婚,冒失地登门去游说。当他第一次见到女友的父亲时,他的脸因紧张而变色,双腿不由自主地颤抖。最后,女友的父亲把他赶了出去,因为女友的父亲认为他是不礼貌和不自信的。

由于缺乏自信,这个年轻人在第一次登门的表现使她女友的父亲不信任他。为此,这个年轻人结婚之路更为艰难。

如果一个人走路步伐坚定,与他人交谈时说话简洁、得体,就会给人一种自信、值得信赖的感觉。

### 2. 得体的外表

在与人正式接触之前,别人对你的第一印象通常是从你的仪表是否得体获得的。一个仪表不得体的人很难让人第一眼就喜欢。

当别人不完全了解一个人时，如果一个人过于随意，可能会给人以误导。调查显示，具有良好职业形象的人的起薪比不注重形象的人高8%～10%。

得体的外表并不意味着必须穿戴名牌，只要着装干净整洁并且符合自己的身份和风格就可以了。

### 3. 言谈举止得体礼貌

礼貌表明一个人的修养和素质。不礼貌的人很难被别人尊重。礼貌是社会交往的垫脚石。

一个温文尔雅的人即使衣衫褴褛也不可能被低估。然而，如果一个人满身名牌却满口脏话，只会让人觉得粗俗。

有个做生意的老板，一直想让自己的生意打入美国市场。一天，一位美国老板来和他谈生意，他非常高兴，热情款待了对方。这个老板有一个习惯，他说话的时候习惯性抖腿，特别是谈到高兴的时候，几乎要跳起来。这位美国老板看着很不舒服，找了个借口离开了。美国老板说："我不跟这样的人做生意，我的财富会被他抖掉的。而且，这个人看起来太不文雅了，估计将来遵守合同会有点困难。"

从这个故事中我们可以看到，在人与人交往中，我们应该时刻注意自己的言谈举止，不要给人一种不礼貌的形象。

言谈举止得体礼貌还有许多要求。例如，语言表达要简明扼要，不要刻意用深奥难懂的词，让别人难以理解；不要在别人说话的时候打断；不要盘问别人不想回答的问题。

### 4. 遵守时间，信守诺言

如果你与人第一次见面就迟到了，会让对方感到你无法信守承诺。很多人认为迟到一两分钟是可以的，但也许就只是这几分钟或几秒钟，会让你的好形象变差。

一个年轻人想从一位企业家那里学习如何成功，在打了许多电话之后，这位企业家被年轻人的热情所打动，同意了年轻人的要求。他同意下午5点在一家咖啡馆见面。企业家在4点55提前到达咖啡馆。5点钟年轻人没有出现，5点10分年轻人依然没有出现。企业家想了一会儿，给年轻人留了张纸条，然后离开了。

年轻人5点30来到餐厅，没有看到企业家，只看到一张纸条，上面写着：我起初对你印象很好，但从你约会迟到的事实来看，不能遵守时间是阻碍你成功的重要原因。坦率地说，一个不懂得遵守自己时间的人是一个不值得信赖的人，一个不遵守他人时间的人是一个不值得接触的人。

### 5. 时常微笑

不知道如何使用微笑的人，实际上是非常不幸的。在日常人际交往中，微笑是最美丽的社交名片。在社交活动中，只要你不吝啬微笑，就能得到意想不到的好结果。

一位先生去拜访一家公司的经理，约定的时间到了，秘书抱歉地出来说："对不起，经理让你再等五分钟，好吗？"他觉得有点奇怪，但他还是耐心地等了五分钟。五分钟后，经理面带笑容地出来与他打招呼，经理道歉说："我刚刚开了一个重要会议，我的表情很紧张。如果用这个表情和你谈话，可能会给你一个坏印象。所以，我在后面坐了几分钟，等我的表情恢复正常，然后出来见你。让你等了很长时间，我真的很抱歉。"

无论你是谁，当你接近第一次见面的人时，不要忘记带着微笑，自信地走向他。

第一印象在人们的社会活动中起着重要作用，如果你不想失去成功的机会，不要忘记第一印象的作用。记住，人们一般喜欢穿着得体、热情、友好、慷慨、平和的人。

从以上五点我们可以了解到，第一印象的形成只需要几秒钟，通过它人们判断你的内涵、过去，甚至预测你未来的发展。

但是，我们不能期望第一印象永远保持下去。毕竟，短暂的接触不能完全揭示一个人的一生。我们必须内外兼修，使外在美与内在美相一致。只有注重外表，提高内在修养和礼仪，才能创造出体面的形象，给他人留下良好的印象，为成功打下基础。

# 第八章　自信的人最美丽

## 【章节解析】

自信是发自内心的自我肯定，是一种积极的情感，有自信才会有勇气和力量，有毅力和动力；有自信才会有执着坚守、自觉践行。它是一种有能力或采用某种有效手段完成某项任务、解决某个问题的信念，它是心理健康的重要标志之一，也是一个人取得成功必须具备的一项心理特质。

组成自信的因素有以下几个。

（1）优势认定：对自己的优势与劣势有正确的认识，并对自己的实力、优势有正确的估计和积极的肯定。

（2）信念：相信自己有能力实现既定目标，特别在问题难度加大时，表现出对自己决定或判断的认可。

（3）敢于挑战：主动接受挑战，将自己置于挑战性极强的环境中。

（4）坚持不懈：即使身处受到阻挠、诽谤等困难境地，也不改变目标，直到实现预期目标。

## 【学习目标】

1. 正确认识和理解自信的概念。
2. 了解自信的重要性和必要性。
3. 学习和掌握建立自信的方式方法。

## 【案例分享】

### 案例一

玻尔是丹麦物理学家，他年轻时就提出量子论。在一次科学研讨会上，专题讨论他的观点时，权威们否定了玻尔的新理论。但这并没有毁掉玻尔的自信心，他反而更加振作起来，继续进行实验，进一步为自己的理论寻找事实依据。后来许多科学家通过实验，也证明了玻尔的新观点。于是人们承认了量子论，玻尔也因这一重大发现而获得了诺贝尔奖。

### 案例二

阿伦尼乌斯是瑞典科学家，创立了物理化学。他年轻时提出电离理论并把它告诉母校的老师，遭到了老师们无情的讽刺，但这并没有动摇他的自信心，他把自己的理论写成学术论文交给学校学术委员会讨论，结果又被否定。这时，阿伦尼乌斯依然充满自信，他又把论文寄给欧洲四位有名的化学家，终于得到了他们的肯定。阿伦尼乌斯继续丰富自己的电离理论，最后获得了诺贝尔奖。

### 案例三

在爱因斯坦的相对论发表以后，有人曾炮制了一本《百人驳相对论》，网罗了一些所谓的名流的意见，对这一理论进行声势浩大的"鞑伐"。可是爱因斯坦坚信自己的理论必然胜利，对"鞑伐"不屑一顾，他说："假如我的理论是错的，一个人反驳就够了，一百个零加起来还是零。"他坚定了必胜的信念，坚持研究，终于使相对论成为20世纪的伟大理论，为世人所瞩目。

【实践运用】

1. 讨论发言

（1）请同学们讨论自信、自大和自卑三者的区别。

（2）请同学们讨论自信是否重要，并解释原因。

（3）请同学们各自说出自己最自信的地方。

（4）除上述自述外，请同学们实事求是，互相说出一个对方的优点或长处。

（5）请同学们一起倾诉自己的小烦恼，说出自己最不自信的地方和原因。并主动开动脑筋想办法，帮助不自信的同学解决心态问题。最后请主动帮助他人和接受帮助的同学各自分享感受。

（6）请同学们每人说出一个建立自信的小方法，并分享运用此方法给自己带来的感受和变化。

（7）在本课中你学到了什么？你是否愿意改变一些你之前的做法？

### 2. 情境再现

表演场景：小王来自贵州，她稳重内敛，专心刻苦地学习，最终以较高分数考入某大学。面对全新的环境和全新的同学，她既兴奋又有些畏惧。新生见面会马上就要召开了，听说班委会和学生会也要开始新建了，小王心里痒痒的。

要求：请同学们分成两组进行情境演练，一组展现充分的自信和因此获得的完美结局；另一组表现不自信和因此带来的后果。通过两种不同情境的表演，大家有怎样的体会？

### 3. 思考题

（1）说出你在未来一个月内，为增强某方面自信心所做的计划。

（2）尝试肯定周围同学的优点，记录下来，并写下自己的感受和所带来的变化。

【总结分析】

### 1. 建立自信的重要性

对于学习、生活和工作，不管是哪一个领域，自信都是无比重要的。自信给人以力量，给人以快乐。我们生活、前进的每一步，都是在帮助别人又被别人帮助，服务于别人又在被别人服务的过程中度过的，正是有了自信，人们才充满睿智，心中才升腾起无尽的希望。人们只有自信，才能让自己的人生之花开得更灿烂多彩。只有自信，才能让生活处处是舞台，让人生越过越精彩。

有位哲人曾言："一个人，从充满自信的那刻起，上帝就伸出无形的手在帮助他。"自信是一种美妙的生活态度,当我们一事无成时,我们会怀疑自己的能力,被自卑感所打倒,于是觉得生活痛苦、暗淡无光;如果建立了自信,思想会变得乐观、豁达,生活也随之变得美好。所以只要我们有自信心,就会激发我们的生命力量,这种力量如同火,可以焚烧困难,照亮智慧。

2. 如何建立自信

当我们缺乏自信时应该怎么办呢?下面介绍几种方法,帮助你重获自信。

(1) 学会进入别人的视线。你注意到无论在教学或教室的各种聚会中,后排的座位是怎么先被坐满的吗?大部分占据后排座位的人希望自己不会"太显眼",而他们怕受人注目的原因就是缺乏信心。坐在前排能建立信心,把它当作一个规则试试看,尽量往前坐。当然,坐前排会比较显眼,但要记住,有关成功的一切都是显眼的。

(2) 学会正视别人的眼睛。一个人的眼神可以透露出许多信息。某人不正视你的时候,你会问自己:"他想要隐藏什么呢?他怕什么呢?他会对我不利吗?"不正视别人通常意味着:在你旁边我感到很自卑,我感到不如你,我怕你。躲避别人的眼神意味着:我有罪恶感;我做了或想到什么不希望你知道的事;我怕一接触你的眼神,你就会看穿我。这都是一些不好的信息。正视别人等于告诉他人:我很诚实,而且光明正大;我告诉你的话是真的,毫不心虚。

(3) 学会当众发言。在会议中沉默寡言的人都认为:"我的意见可能没有价值,如果说出来,别人可能会觉得很愚蠢,我最好什么也不说。而且,其他人可能比我懂得多,我并不想让他们知道我是这么无知。"他们常常会对自己许下"诺言":等下一次再发言。可是他们很清楚,自己是无法实现这个诺言的。每次这些沉默寡言的人不发言时,他就又中了一次缺少信心的毒素了,他会愈来愈丧失自信。从积极的角度来看,如果尽量发言,就会增加信心,下次也更容易发言。所以,要多发言,这是信心的"维他命"。

不论参加什么性质的会议,每次都要主动发言,可以作评论,也可以提出建议或问题，不要有例外。而且，不要最后才发言。要做破冰船，第一个打破沉默。不用担心你会显得很愚蠢，因为总会有人同意你的见解。

（4）要用肯定的语气。有些女人面对着镜子，看到自己的相貌或肤色时，忍不住产生某种幸福的感受；相反，有些女人却被自卑感所困扰。虽然彼此的肤色都很黑，但自信的女人会以为："我的皮肤呈小麦色，这是健康的颜色。"可是，一个缺乏自信的女人却因此痛苦地呻吟起来："怎么搞的，我的肤色这么黑。"两种人的心情完全不同。有的女人看见镜子就丧失信心，甚至在一气之下，把镜子摔破。由此可见，价值判断的标准是非常主观而又含糊的。只要认为漂亮，看起来就觉得很漂亮；如果认为讨厌，看来看去都觉得不顺眼。自卑感也常常会受到语言的影响，所以说，否定意味的语言，对于一个人的自信建立有百害而无一利。

（5）抬头挺胸走快一点。懒散的姿势、缓慢的步伐与对自己、对工作以及对别人不愉快的感受很容易联系在一起。借着改变姿势与速度，可以改变心态。你若仔细观察就会发现，身体动作是心灵活动的结果。那些遭受打击、被排斥的人，走路都拖拖拉拉，完全没有自信心。抬头挺胸走快一点，你就会感到自信心在滋长。

（6）做自己力所能及的事。做自己做得到的事时，自信心就会显现出来。知道应该做的事，然后加以实行。总之，要试着记下马上可以做的事，然后加以实践，没有必要一定是伟大、不平凡的大事，只要是自己能力所及的事就足够了。就是因为想一步登天，所以才找不到事做。

（7）自信培养自信。缺乏自信时更应该做些充满自信的举动。缺乏自信时，与其对自己说没有自信，不如告诉自己能把工作做好。为了克服消极、否定的态度，我们应该采取积极、肯定的态度。如果自认为不行，身边的事也抛下不管，情况就会渐渐变得如自己所想的一样。电话交谈时，如果用有笑容的声音说话，对方听了舒服，自己也觉得快意。苦着一张脸或者冷言冷语，不仅让对方不舒服，自己也会不痛快。用言语冲撞对方时，就是用言语在冲撞自己，自己对对方的态度同时也是对自己的态度。我们应该像砌砖块一样一块一块砌起来，堆砌我们对人生积极、肯定的态度。即使不能喜欢所有的人,也应该努力多喜欢一个人。喜欢一个人,相对地,也会喜欢自己,然后会克服对他人不必要的恐惧。因为,自信会培养自信。

【延伸阅读】

关于自信的名言警句。

1. 人多不足以依赖,要生存只有靠自己。——拿破仑
2. 自信是成功的第一秘诀。——爱默生
3. 深窥自己的心,而后发觉一切的奇迹在你自己。——培根
4. 任何人都应该有自尊心、自信心、独立性,不然就是奴才。——徐特立
5. 地球上的任何一点离太阳都同样地遥远。——伯顿
6. 我们对自己抱有的信心,将使别人对我们萌生信心的绿芽。——拉劳士福古
7. 除了人格以外,人生的损失,莫过于失掉自信心了。——培尔辛
8. 有信心的人,可以化渺小为伟大,化平庸为神奇。——萧伯纳
9. 坚决的信心,能使平凡的人们,做出惊人的事业。——马尔顿
10. 哥伦布发现了一个世界,却没有用海图,他用的是在天空中释疑解惑的"信心"。——桑塔雅娜
11. 能够使我飘浮于人生的泥沼中而不致陷污的,是我的信心。——但丁
12. 无论如何,"流言"总不能吓哑我的嘴。——鲁迅
13. 天生我材必有用。——李白
14. 恢弘志士之气,不宜妄自菲薄。——诸葛亮
15. 自信与骄傲有异;自信者常沉着,而骄傲者常浮扬。——梁启超
16. 自立自重,不可跟人脚迹,学人言语。——陆九渊
17. 自信者不疑人,人亦信之。自疑者不信人,人亦疑之。——《史典》

18. 自信人生二百年，会当激水三千里。——毛泽东

19. 信心是灵魂的防腐剂。——惠特曼

20. 自信是走向成功的第一步；缺乏自信是失败的主要原因。——莎士比亚

21. 人人不敢自信，大家就成为轻信的人了。——奥维德

22. 没有自信的话，你永远也不会有快乐。——拉罗什富科

# 第九章　积极沟通

**【章节解析】**

什么叫沟通？沟通是指彼此之间交换信息和分享思想感情的过程。与人发生矛盾后，有话藏在心里不说，矛盾不会消逝；遇到问题，将困惑埋在心间，暗自叹气，问题也得不到解决；咄咄逼人，大吼大叫，甚至破口大骂，挥拳跺脚，也只会让矛盾升级，变得不可收拾。正确的做法应该是积极地与同学或者老师沟通，得到对方的认可、接受或者指点。积极沟通就是直接、诚实、恭敬地表达想法。

**【学习目标】**

1. 学习用直接、诚实、恭敬的方式表达不快。
2. 提高自己大胆表达不快的能力。
3. 学习用直接、诚实、恭敬的方式表达欣赏。
4. 提高自己大胆表达欣赏的能力。

**【案例分享】**

### 案例一

T公司员工说老板庄先生性子急、要求严、喜欢发脾气，所以一些员工与他沟通时很紧张，甚至躲着他。庄先生说员工不明白他的意思，做出来的东西和他想要的不一样，有些没必要犯的错误经常犯，做错了还不能说重话，碰到个别员工会和自己顶嘴，也有的女员工一批评就会哭。

某天快下班了，庄先生发现一位员工的工艺不对，便进行纠正。该员工试图解释，但庄先生认为该员工不应该犯这样基础的错误，不听该员工解释。而该员工也着急说明自己的做法，两人都没有停下来听对方说，声调都开始提高、语速加快，庄先生习惯性地伸出手指，该员工感觉被指着鼻子当众挨训，认为受到侮辱，便大声嚷道："你觉得我不好，那开除我好了！"然后背起包往外走。事后庄先生伤感地说："我创立这个品牌就是为了让人们生活得更好，我们的品牌就是因为注重工艺品质和客户体验才得以发展壮大，我给没有读这个专业、没有经验的员工机会，教他们怎么做事情，他们不但不感谢，还不尊重我。"该员工也很委屈地说："这个产品和以前有些不一样，所以我想尝试不同的做法。当时本来下班了，我是打算做好了再走的。但他什么都不问就指着我鼻子骂我，我长这么大都没人指着我的鼻子。我不是不感谢，也不是不尊重，但尊重是相互的。"①

### 案例二

B公司人事专员刘晓燕接到人事经理赵光的任务，和所有设计人员签订保密协议。刘晓燕知道这是个吃力不讨好的活，一拖再拖，赵光很恼火，一再督促。刘晓燕只好硬着头皮找设计人员签订协议，但大部分设计人员借口对协议内容不理解不愿签订。但刘晓燕没有把情况反馈给赵光。赵光在人事例会上质问刘晓燕为什么几个月了还不能完成此项任务时，刘晓燕才说设计人员不想签订，对条款有异议。赵光要求刘晓燕联系顾问律师给设计人员做个咨询培训。刘晓燕虽然不乐意，但不好再顶撞。过了一个星期，赵光问事情进展，刘晓燕说自己这两天很忙，还没联系律师。赵光一听非常生气，厉声责备道："这是总经理交代的工作，他会十分生气的。你怎么这么拖拉。"刘晓燕一听倔脾气也上来了，不服气地说："既然这么重要，为什么总经理和你上次给设计人员开会时不直接安排签订保密协议？"赵光没好气地说："当时总经理觉得协议还不够完善，要求律师修改。"当月，赵光给刘晓燕绩效评估为D。刘晓燕气得第二天请了一天病假。②

---

① https://wenku.baidu.com/view/d7a3574c5ebfc77da26925c52cc58bd631869388.html
② https://wenku.baidu.com/view/aea58bbd0b4c2e3f56276340.html

### 案例三

在一次核心高管的"领导力发展测评"中,Maria 在"培养和激励下属"一项得分最低,一些简短的评语包括"对下属不够信任、认可""批评多、要求高、鼓励少""总感到老板对自己不满意,但不清楚为什么",等等。Maria 是一位非常专业、负责的经理人,她的领导风格属于典型的"专家型+指令型"——高标准、严要求。

Maria 向好友倒苦水:"我对下属手把手地教,很用心地培养他们,怎么得到的是这种反馈?"好友说:"是有一些委屈吧?觉得下属不明白你的苦心。其实,你很着急,希望他们能快速成长起来。""是呀,我们的业务量每年增长 60%,我们团队的专业水平跟不上,我不抓紧能行吗?"

"Maria,除了严格要求,你平时对下属表达欣赏和感谢吗?"好友问道。"感谢?"Maria 有些反应不过来,"这都是他们应该做的工作呀。而且,在好多时候他们都没达到我的标准,欣赏什么呀?"

"或许,可以欣赏他们的一些好点子,可以欣赏他们点滴的进步,也可以感谢他们的努力、他们随时的支持……"好友举了一些例子,接着问,"你觉得,这样做会对他们有什么影响?你们的工作关系会发生什么变化吗?"

Maria 低头想了一会儿,嘀咕着:"我以前老看到他们做得不好,还没怎么想过他们好的地方呢。"好友鼓励她道"试试看,转变一下视角,或许会有一些新发现。"Maria 努力思索了一会儿,开始欣赏下属的闪光点:"嗯,Cathy 学习能力很强,但是……""我们先省略'但是',好吗?"好友轻声地提醒她。"好吧。Sam 很细心,客户资源管理得井井有条;Jane 有非常丰富的行业经验,能预先提出许多好建议……"Maria 把她手下的十几位员工逐一"欣赏"了一番,又清晰、又细致。

"好啊,现在你感觉怎么样?"好友听完后问 Maria。Maria 则笑容可掬地回答道:"说来真神奇,我说着说着,忽然发现手下有这么多精兵强将!""回去试一试吧,对下属表达你的欣赏和感谢,看看会发生什么?"①

【实践运用】

1. 讨论发言

(1) 回想自己被他人伤害感情或惹怒的经历,是否有过如下反应:A. 没有回应,但是感觉很糟糕;B. 有报复举动,比如大吼大叫或威胁。

(2) 在你感觉受伤或生气时,你或者对方以咄咄逼人的态度进行沟通时,你们的关系会变成什么样?

(3) 在你感觉受伤或生气时,你或者对方忍气吞声地消极回应时,你们的关系会变成什么样?

(4) 在哪些情境下大胆表达是不合时宜的呢?

(5) 描述一个你十分欣赏的行为。

(6) 在本课中你学到了什么?你是否愿意改变一些你之前的做法?

2. 情境再现

表演场景:老师因为你在上课的时候聊天而批评你,但其实是你的同桌没听明白刚才的知识点,你在帮他讲解。

要求:请同学们分成三组进行情境演练,一组表现为不能忍受老师的误解,态度强硬地和老师当场顶嘴;第二组表现为尊重老师,并尝试与老师沟通消除误会;第三组表现为默不作声,独自忍受误解。通过三种不同情境的表演,大家有怎样的体会?在面对误解、不公平对待时,我们应该通过怎样的方式去沟通?

3. 思考题

(1) 你觉得消极沟通和咄咄逼人会有哪些后果?

(2) 请同学们在课后尝试积极沟通的方式,在下次上课中与大家分享自己的体验。

---

① https://wenku.baidu.com/view/be1c7919e53a580216fcfe9f? fr=uc

【总结分析】

1. 加强自身修养

要做到积极沟通，首先要不断地检视自我，加强自身修养。这包括以下几个方面：

（1）要有责任心和上进心。

（2）学会换位思考。

（3）学会尊重他人。

2. 微笑是沟通的通行证

有人曾经说："一个人也许不能改变自己的性格，但是可以改变自己的心情。"如果你是个内向的人，那么你可以尝试着微笑。微笑就是一把锁，可以打开彼此的心扉。有了微笑，尽管你不善于语言表达，但是人家仍然乐意跟你沟通。

3. 有效倾听

有效倾听是建立和谐人际关系的关键之一。人都需要倾听，无论是出于对自己的情感考虑，还是为了达成与人之间的理解。相互理解才能建立信任的关系，而要理解对方意图必须要认真地倾听。

4. 真诚赞美

恰到好处的赞扬，是一种赢得人心的有效方法，它可以提高别人的自信，从而获得别人的善意协助。所有人都有优点，如果你能够发现并加以赞美，会起到"金石为开"的效果。

【延伸阅读】

克林顿·希拉里多次讲过她在中学读书时的一件往事。

一个春暖花开的中午，希拉里和爸爸在公园里散步。她发现一位老太太裹着一件厚厚的羊绒大衣，脖子上围着一条毛皮围巾，那穿戴仿佛是在滴水成冰的三九隆冬。她说："爸爸，你看，那位老太太穿得真是太奇怪、太可笑了!"

当时爸爸的表情有些严肃,沉默了一会儿说:"希拉里,我突然发现你缺少一种本领,就是欣赏别人的本领。这说明你在与别人的交往中,缺少了一些热心和友善。"

希拉里觉得爸爸太小题大做了,很不服气地问:"那你不觉得老太太穿得太多了吗?"

爸爸说:"恰恰相反,我觉得老太太很值得欣赏。她穿着羊绒大衣,围着毛皮围巾,也许是因为大病初愈,身体还没有完全康复,也许是因为别的什么原因。但你仔细看,她专注地看着树枝上漂亮的丁香花,表情是那么安详、愉快。她是那么热爱鲜花、热爱春天、热爱大自然。我觉得老太太的神情令人感动!难道你不认为她很美吗?"

希拉里认真观察之后,觉得确实像爸爸说的那样,从老太太脸上的笑容可以看到,她的内心像怒放的鲜花一样。爸爸领着希拉里走到老太太面前,微笑着说:"夫人,您欣赏鲜花的神情真令人感动,您使这春天变得更加美好了!"

老太太似乎有些激动:"谢谢,谢谢您!先生。"随后,她从提包里取出一小袋饼干,一边递给了希拉里一边夸赞说:"这孩子真漂亮……"

事后,爸爸对希拉里说:"渴望得到欣赏,是人的本性。一定要学会真诚地欣赏别人,因为每个人都有值得欣赏的地方。当你学会真诚地欣赏别人之日,就是你得到别人更多欣赏之时。"[1]

---

[1] http://www.400388.com/lizhigushi/16778.html

# 第十章　如何拒绝

## 【章节解析】

当我们遇到别人的请求时，在接受的情况下通常有两种情况：主动接受和被动接受。两者之间最大的区别在于，做这件事情的过程中心情如何、感受如何。主动接受时，你会有成就感，会感到愉悦；被动接受时，只会觉得烦躁、委屈、气愤。所以，"如何拒绝"可以把它定义为"如何拒绝那些'被动接受'的事情"。回过头来说，为什么我们要被动接受那些不愿意的事情呢？因为有不少人觉得拒绝别人会影响自身在对方中的形象。但这是一个误区，良好的个人形象并不是什么都帮助别人，而是把事情做好，让结果超出对方预期。帮助他人、成就自己是对的，合理拒绝他人也是对的。优雅地拒绝是拒绝做一件你认为不对的事情或者自己不想做的事情时可用到的方式。

## 【学习目标】

1. 知道有哪些方法用于表达自己的意愿。
2. 学习建立拒绝行为的边界。
3. 学习当他人提出越界的要求时懂得如何拒绝。
4. 学会优雅地拒绝。

## 【案例分享】

### 案例一

戴维亚与上司关系一直不错。因为善于沟通，她最终得到承包经营本公司旗下新技术开发分公司的机会。对一个职场新人来说，这是非常好的历练与提升机会。戴维亚也没有辜负领导的期望，不但让经济效益连年增长，还使企业产值大幅上升。

公司经营好了，就会引起求职者关注。很多昔日同事想借机来戴维亚身边。一天，她上司打来了电话，说："我想向你推荐一个新人，是我朋友的孩子，不知公司能不能给安排一下呢？"

虽然戴维亚面对很多同事的暗示总能化解问题，可对于上司亲自打来的电话，她就有些不好意思拒绝了，只好说："先面试看一下吧！"

第二天，新人便来了公司，戴维亚亲自面试。显然，新人的专业与公司一点都不对口。戴维亚有些为难了：拒绝吧，会让上司没面子，不拒绝吧，公司就意味着多加一个不干活的人，而且，这个门一旦打开，日后还不知道有多少人会这样相求。

想到这里，戴维亚眼珠一转，有了主意。第二天，她请上司和新人一起来公司参观。一边参观，她一边对上司说："这些年，在您的指导下，公司发展得还算不错，今年也按照您的指示，加强了管理与用人制度，效果一直非常好。如果有其他要求，还请您继续指导。"

上司满意地点头，因为戴维亚一直强调上司的作用，让他感觉很受用。可是，接下来戴维亚又说："对于您推荐来的人，因为专业不对口，公司管理层认为不能通过，这主要还是怕影响今年的承包指标。如果其他部门有合适的工作，我日后会再让他来试试，您看这样处理可以吗？"

戴维亚这样一说，上司有些不好意思，说："我之前也没考虑到他的专业问题，看来给你惹麻烦了。那就按你说的办吧！"

如此一来，戴维亚成功拒绝了上司的推荐，而且没有伤一点和气。①

## 案例二

东汉人杨震是个颇得百姓称赞的清官。他做过荆州刺史，后调任为东莱太守。当他去东莱上任的时候，路过昌邑。昌邑县令王密是他在荆州刺史任内举荐的官员，听到杨震到来，晚上悄悄去拜访杨震，并带黄

---

① https://www.qinxue365.com/kczx/306927.html

金十斤作为礼物。

王密送这样的重礼，一是对杨震过去的举荐表示感谢，二是想通过贿赂这位老上司请他以后多加关照。可是杨震当场拒绝了这份礼物，说："故人知君，君不知故人，何也？"王密以为杨震假装客气，便说："暮夜无知者。"意思是说晚上又有谁能知道呢？杨震立即生气了，说："天知，神知，你知，我知，怎说无知？"王密十分羞愧，只得带着礼物，狼狈而回。[1]

【实践运用】

1. 讨论发言

（1）请同学们回忆是否有被要求做自己不愿意做的事情的经历。

（2）说出不愿意做这些事情的原因？

（3）有的事情你不愿意做，却是应该做的，事情本身不是一件坏事，或者不会严重违背你的个人价值观，你会去做吗？

（4）为什么拒绝朋友的要求是一件困难的事情？

（5）勇于表达自己的意愿如何促进你的人际关系？

（6）在本课中你学到了什么？你是否愿意改变一些你之前的做法？

2. 情境再现

表演场景：你的朋友捡到了一个钱包，你知道这个钱包是另外一个朋友的，但是捡到钱包的这个朋友要求你不要告诉失主。

要求：请同学们两两一组进行情境演练，一个表演"角色甲"要求者，另一个表演"角色乙"被要求者。角色乙需要勇敢地表达自己的意愿，拒绝做自己认为不对或者不想做的事情，角色甲需要观察角色乙使用了何种回应方式。

3. 思考题

（1）你觉得合理地拒绝对他人和自己有什么影响？

---

[1] http：//www.ruiwen.com/zuowen/mingrengushi/870838.html

（2）请同学们在课后勇敢尝试课上学到的拒绝技巧，在下次上课时与大家分享自己的体验。

**【总结分析】**

### 1. 建立拒绝行为的边界

对他人要求的拒绝，建立在明确知道我们应当拒绝哪些事情的基础上。事事都拒绝是不合理的，倘若如此只能证明你是一个自私自利、不愿帮助他人的人，自然很难获得他人的认同，当自己有需要时也无法获得他人的帮助。每个人对于拒绝的行为边界标准不一，结合日常工作生活中可能遇到的情况，以下类型的要求可以视实际情况予以拒绝。

（1）超出能力范围的事情。当对方提出的要求超出你的能力范围时，答应对方就是不负责任的行为，因为你的行动结果无法达到对方的预期，甚至因此对其造成影响。这种情况下最好直接告诉对方我做不到，拒绝对方的请求。如果非要答应对方，那一定要告诉对方有无法实现请求的风险，降低对方的心理预期。

（2）自身无法兼顾的事情。如果你在工作生活中已经非常繁忙了，就应该拒绝朋友的请求。这与我们是否愿意帮忙无关，而是不具备帮助他人的条件，倘若自己的事情都完成不了，还去帮助别人，就本末倒置了。

（3）与自身价值观相冲突的事情。价值观的冲突是无法调和的矛盾，接受此类要求后也最容易产生不满、愤怒等情绪。陶渊明能够不为五斗米折腰，我们工作中固然不应意气用事，但正确的价值观是应当坚持的。

### 2. 优雅地拒绝

在建立拒绝的行为边界基础上，当他人提出越界的要求时，拒绝方式就显得尤为重要。我们在谈论如何拒绝他人时，其实讨论的是如何在拒绝他人同时不影响双方的关系，不至于让对方心生不满。因此，拒绝对方的要求时，能否让对方对接受你的拒绝之余，还不会觉得你不近人情，就成为拒绝他人时的最大挑战。最实用的办法就是：态度明确，表达委婉。

态度明确指的是当你面对别人提出的越界要求时，必须明确地表示自己的态度：我没办法提供帮助。我们需要给予对方明确的信息，而不必模棱两可。表达委婉关键点在于，给拒绝对方的行为找到一个合理的解释。一个合理的理由，能够让对方更容易接受，也避免直接拒绝带来的尴尬。

【延伸阅读】

### 拒绝的小技巧

虽然，"顾客永远是对的"这种态度值得肯定，但顾客在事情上不一定从头到尾都是对的。当然，顾客的出发点和意愿一定没有错，只是需要和他们进行一定沟通。有时，顾客会提出一些新的思路，让企业把产品或服务做得更好。但是当顾客的要求实在不可实现时，你有义务告知。

比如：

"嗨！小柯，我刚接到你的通知，要求修改付款日期。我们已经修改了两次，不能再做第三次，这会对我们公司的财务造成困扰！你应该可以了解这对我们公司的影响。"这里面的诀窍是：在这件事上，告诉顾客，让他了解其中缘由。

"汤先生，如果我们采取这种方法，结果并不会是你所预期的，原因是……"讲完这些后，再提供其他的方案，这样对方会比较容易接受。要注意的是：避免以公司的政策或规定作为拒绝的理由，因为这样会显得冷冰冰，让顾客有不好的感受。

错误示范："我认为你们的现金流量状况，对我们而言风险太大！"

用下面的方法可以把政策说得不留痕迹。一个好的句式是"因为……，所以……"，比如"由于贵公司的产业有较大的季节性波动，所以我们没有将你们列入信用账款客户的范围"。

这里要反复强调的是：拒绝的时候，必须明确地表示，你拒绝的是对方的要求，而不是拒绝他这个顾客。

"我很抱歉你买的餐具遭到损毁，但是雷小姐，我们不能答应你的退款要求。因为在包装上和所有的餐具底部都说得很清楚，这组餐具不适用于洗碗机，我可以做的是以成本价，而不是零售价为你更换受损的餐具。也许对你而言这是比较有利的做法。"

总而言之，拒绝顾客应该从以下三个方面入手。

（1）足够的事实，证明你已经尽最大的努力。

"赖先生，你一要求我们把货期从9月12日提前至8月15日，我立刻就联络相关的厂商，我总算说服了其中两家，但是另外两家厂商实在没有办法提前，所以，我们现在能做到的就是在9月12日准时交货了！"

（2）充分表达关切之意。

"我真的很希望我能够为你催一下这份订单，但现在是旺季，我们这阵子不但要追加库存，还有两位主要业务负责人请病假，我们每天加班就是为了确保出货准时，我真的希望可以帮上忙。"

（3）也向对方提出要求——耐心与谅解。

"我知道对你而言，将出货期提前是多么重要，但是我没有办法赶得上你要求的日期，请忍耐一下，我们的供应商已经忙得快喘不过气来了！我将尽全力想办法帮你催货，请多多谅解与支持，我希望能够在你要求期限之后的一周内将货送达！"

除了解释不能完成以外，给对方一些新的解决方案，是很好的选择。

"我无法在星期二把所有的货送到，但是我有两个其他替代方案：我可以在星期二先将部分货送达，剩余的在星期五交清；或者是我把你要的所有货凑齐，星期二时你可以直接到这里提货。"

总而言之，只要你在说"不"的同时，清楚地阐明何种情况下才是可行的，就可以坚定地拒绝对方，而不至于听起来顽固不通。

# 第十一章　学会团队合作

### 【章节解析】

有意识地合作是人类区别于其他生物的重要特征。一个人的成长依赖于环境，不同的环境会让人拥有不同的角色——教师、领导、职员……，这些角色促使我们要有担当，要负责，分工合作是人类社会活动中必不可少的事情。

温斯顿·丘吉尔有一句名言："协作是最智慧的表现！"团队合作是智慧的、有价值的活动。那么到底什么是团队？1994年，斯蒂芬·罗宾斯首次提出"团队"这一概念：为了实现某一目标而由相互协作的个体所组成的正式群体。

### 【学习目标】

1. 展示团队协作的重要性。
2. 掌握团队协作的好习惯。
3. 合理区分团队协作行为的好坏。
4. 了解如何成为一个好的团队协作者。

### 【案例分享】

相传，在古希腊时期的塞浦路斯，有一座城堡里关着7个小矮人，他们是因为受到了可怕的诅咒，才被关到这个与世隔绝的地方。他们住在一间潮湿的地下室里，找不到任何人帮助，没有粮食，没有水，越来越绝望。

小矮人中，阿基米德是第一个受到守护神雅典娜托梦的。雅典娜告诉他，在这个城堡里，除了他们待的那间房间外，其他的25个房间里，有一个房间有一些蜂蜜和水，够他们生存一段时间，而在另外的 24 个房间里有石头，其中有 240 块玫瑰红的灵石，收集到这 240 块灵石，并把它们排成一个圈，可怕的咒语就会解除，他们就能逃离厄运，重归自己的家园。第二天，阿基米德迫不及待地把这个梦告诉了其他小伙伴。有 4 个人不愿意相信，只有爱丽丝和苏格拉底愿意和他一起努力。开始的几天里，爱丽丝想先去找些木材生火，这样既能取暖又能让房间里有光亮。苏格拉底想先去找那个有食物的房间。阿基米德想快点把 240 块灵石找齐，好解除咒语，3 个人无法统一意见，于是决定各找各的，但几天下来，3 个人都没有成果，反而累得筋疲力尽，其他的 4 个人也取笑他们。但是 3 人没有放弃，失败让他们意识到应该团结起来。他们决定，先找火种，再找吃的，最后大家一起找灵石。3 人很快在左边第二个房间里找到了大量的蜂蜜和水。在经过了几天的饥饿之后，他们狼吞虎咽了一番；然后带了许多分给了另外 4 人，即特洛伊、安吉拉、亚里士多德和梅里莎。温饱的希望改变了其他 4 个人的想法。他们后悔开始的愚蠢，并主动要求要和阿基米德他们一起寻找灵石，解除那可恨的咒语。

　　为了提高效率，阿基米德决定把 7 个人兵分两路：原来 3 个人继续从左边找，而特洛伊等 4 人则从右边找。但问题很快就出来了，由于一直坐在原地，特洛伊等 4 人根本没有任何的方向感，城堡对他们来说就像个迷宫。他们几乎就是在原地打转。阿基米德果断地重新分配：爱丽丝和苏格拉底各带一人，用自己的诀窍和经验指导他们。当然，事情并不是想象中那么顺利，先是苏格拉底和特洛伊那组，总是嫌其他两个组太慢。后来，当过花农的梅里莎发现，大家找来的石头里大部分不是玫瑰红的。最后，由于不熟悉地形，大家经常在同一个房间里找石头。信心又开始慢慢丧失了。

　　阿基米德非常着急。这天傍晚，他把 6 个人召集在一起商量办法。可是，交流会刚刚开始，就变成了相互指责的批判会。性子急的苏格拉底先开口："你们怎么回事，一天只能找到两三个有石头的房间？""那么多的房间，门上又没有写哪个有石头，哪个是没有的，当然会找很长时间了！"爱丽丝答道。"难道你们没有注意到，门锁是圆孔的，就是没有石头的；门锁是十字型的，就是有石头的？"苏格拉底反问道。"干吗不早说？害得我们做了那么多的无用功。"其他人听到这儿，似乎有点生气。经过交流，大家才发现，原来有些人可能找准房间很快，但在房间里找到的石头都是错的；而那些找得非常准的人，往往又速度太慢。他们完全可以将找得快的人和找得准的人组合起来。相互指责只会使问题更加严重。于是，这7个小矮人进行了重新组合，并在爱丽丝的提议下，开了一次交流会，交流经验和窍门，然后把有用的信息都写在能照到亮光的墙上，提醒大家，省得再去走弯路。

在7个人的通力协作下，他们终于找齐了240块灵石，但就在这时，苏格拉底停止了呼吸。大家震惊和恐惧之余，火种突然又灭了。没有火种，就没有光线；没有光线，大家就根本没有办法把石头排成一个圈。大家都来帮忙生火，哪知道，6个人费了半天的劲，还是无法将火点燃，以前生火的事都是苏格拉底干的。寒冷、黑暗和恐惧再一次向小矮人们袭来。灰暗的情绪波及了每一个人，阿基米德非常后悔当初没有向苏格拉底学习生火。在神灵的眷顾下，最终火还是被生起来了，小矮人们胜利了。

分工有利于提高效率，但分工会使得团队成员知识单一。在一个团队里，不能够让核心技术掌握在一个人手里。应该通过科学的体制和方法对核心知识进行管理。通过对团队的有效管理，团队的目标终将实现。①

【实践运用】

1. 讨论发言

仔细阅读下面一些行为，根据团队协作的习惯发表自己的看法。

（1）甲要求乙停止哼歌，因为打扰了他的学习和工作。

（2）丁总是上学或上班迟到。

---

① https://wenku.baidu.com/view/b2481bcd302b3169a45177232f60ddccdb38e661.html

(3) 乙对丙大吼，说丙是最懒的人。其他人都可以听到乙对丙的批评。

(4) 丁对她的老板表示感谢，谢谢老板允许她在头疼时请假休息。

(5) 甲对乙说，其他人觉得乙太害羞了，他们不喜欢乙。

(6) 乙请求丙帮助，因为丙擅长这方面。

2. 情境再现

根据表演情境，指出哪些是好的团队协作的表现，哪些不是团队协作的表现。

表演场景：某同学总是没法跟上学校的手工课进度，他/她没有同桌的动作快，并且让整个班的进度都慢下来，他/她来寻求同桌的帮助。

要求：同桌的扮演者第一次表演一个不善倾听、不愿帮助他人的人，第二次表演一个愿意帮助他人的人。

3. 思考题

团队合作是一件容易的事，还是困难的事呢？下次团队合作，如何做得更好？

【总结分析】

1. 团队合作的特点

为了实现共同目标，团队这一群体在组织和行为上有着明显的特征，主要表现在以下方面。

(1) 团结合作：能够集中力量。

(2) 分工明确：了解个人在组合中的作用，合理地利用资源，实现资源最优。

(3) 榜样示范：团队中的灵魂人物，能够带头冲锋，勇往直前。

(4) 成果共享：能够在团队内分享成功的果实。要注意的是，团队和团体其实是不同的，团队是有理想、有目标、有抱负但也有明确分工的群体；而团体仅仅只有共同的理想、目标，一起生活学习，成员之间却没有职责分工，依赖性没有那么强，容易受外部影响，易打散重组。

团队协作在实现既定目标上具有很多优势,有着与其他群体不可替代的作用,这也是团队合作重要之所在。

(1)通过团队合作,可以营造一种工作氛围,使每个队员都有归属感,有利于提高团队成员的积极性和效率。在生活或工作中,很多人有浑水摸鱼的习惯,但是在好的团队内部,因为需要相互配合,每个人都有使得上劲的地方,自我归属感的实现造就了良好的团队氛围。插科打诨的人少了,埋头苦干的人多了,自然团队的工作效率也提高了。例如,宜家的团队文化,宜家是一个家居用品店,每个人的工作内容都不复杂,每个人都能胜任他人的工作,没有人是不可取代的,所以团队的管理关键在于队员之间的互相磨合和默契,在于营造积极向上、彼此信任和喜欢的团队气氛。为了鼓励团队成员间的高度融合和协作,公司并不给每个员工明确的岗位说明,相反,要求团队成员自行讨论决定谁负责什么、该如何运作等,然后如此执行。团队的领导人也没有特殊的头衔,与他人平等,主要起协调沟通的作用,理顺团队并让每个人都能充满乐趣地工作。

(2)其次,团队协作有利于激发团队成员的学习动力,有助于提高团队的整体能力。竞争在团队成员之间自然也是存在的,良好的竞争能够让成员发现自身不足,促使他们不断学习,完善自我。个人的成长凝聚而成的就是团队的成长。但是在学习的过程中,切忌个人英雄主义,从而丧失团队协作的能力。

(3)另外,团队协作还集中体现了"人多好办事"的优点。毕竟人无完人,一个人的力量始终是有限的,没有完美的人,但是有完美的团队。例如,足球运动,仅仅靠一位王牌球员就想赢得一场胜利,难度是很大的,一场球的胜利不仅是绿茵场的队员们的配合,还有场外教练的排兵布阵,这样才能取得胜利的果实。

(4)此外,团队协作有利于产生新颖的创意。在团队协作中,遇到问题往往会选择共商对策,商量的过程其实也就是一场头脑风暴,个人通过挖掘自我的知识储备,参照过往的认知经验,不同思维的碰撞容易闪现出智慧的火花,创意由此而生,为团队带来新的发展方向。

（5）最后，团队协作还有利于约束和控制团队成员的行为。无规矩不成方圆，团队协作中的制度和规矩的确立可以加强团队内部的公平、公正，及时修正个别不良行为，能够强化内部的团结以及团队行为的标准化，有助于团队精神的提高，也有利于对团队利益的维护。

2. 团队协作的行为

团队协作的行为主要可分为促进和干扰两种。

促进团队协作的行为主要有以下几个。

（1）确立一个相对较高的目标。人往高处走，水往低处流，目标的高低决定着未来的发展路径。高目标的制订有利于促进团队的发展，保证团队的良性发展。目标的制订主要还得依据现实情况做出判断和规划，以防"眼高手低"。

（2）勇于做出决策。快速地做出决策能够避免团队之间讨论不休而错失良机，机会往往是转瞬即逝，特别是团队中的决策者，需要能够在关键时刻快刀斩乱麻，及时做出决断。

（3）成员之间经常相互鼓励。鼓励是一种良好的强化方式，能够激发成员的信心和行动力，每个人的内心都有一个"小宇宙"，需要别人的添柴加薪才能爆发，无论是精神上的安慰还是物质上的鼓励，都是一味良药。例如，比尔·盖茨的激励法则，为了激发人员的潜能，他让员工在工作18个月后就能拿到认股权25%的股份，同时还为研发人员设置了奖牌，记录着研发人员的一切成长。微软员工把这个奖牌看成最大的荣誉。

（4）建立相互信任的关系。信任源于对一个人的性格、努力、成就、经验的认可。在团队中，信任能够使人主动承认错误、主动寻求他人帮助、工作上互相提点、互相学习技术、快速解决问题等。

（5）能够相互分享。分享是一种美德。如果团队中每个人都将自己手里的信息资源分享出去，那收获的不仅有信任还有反馈出来的智慧，分享让团队变得更加强大。

良好的团队协作行为还需要六大好习惯去支撑。

（1）帮助他人。给出有益建议，帮助他人理解，帮助他人做得更好。

（2）做好分内事情。准时到达，努力工作，按时完成任务。

（3）态度积极。待人友善，肯定他人工作，关心他人。

（4）设置限制。不卷入分散注意力的活动。

（5）自愿做额外的工作。自愿帮助他人，自愿加班。

（6）必要时寻求他人帮助。遇到问题和挑战，向他人寻求咨询和帮助。

一个硬币有正反两面。同理，有促进团队协作的行为，也就有干扰团队协作的行为。干扰的行为主要有以下几个。

（1）团队里的"小团体"。人更倾向于和自己趣味相投、有相同或相似文化背景的人在一起，"哥们""老乡"扎堆的团队容易破坏团队规章制度和目标，会有崩盘的恶果。

（2）说话不经大脑，偏离主题。语言是一门艺术，在团队协作中，不合适的言语会让队友感到不适甚至是愤怒，导致团队协作不顺利，效率低。

（3）总在队员面前炫耀自己。团队成员获得的成果和团队协作是密切相关的。拿个人的成绩在队员面前炫耀，容易导致团队成员间的疏远。

（4）不尊重队员，随意命令他人。不尊重他人往往也得不到他人的尊重。随意指使团队成员，易造成其他队员的不满，在工作中也不利于队员间的配合。

### 3. 成为一个好的团队协作者

协作意味着"1+1"可能等于4、等于18，甚至等于100。这主要是因为这个"1"的力量很大，是团队中优秀的协作者。那么如何成为一个这样的"1"呢？

（1）一个好的团队协作者需要从自身出发，了解自己的优缺点，善于在团队中发挥长处，准确认识自己在团队中的位置，与他人进行合作并做到优势互补。

（2）忠诚是一个人被信任的关键。就像三国中的关羽、张飞、诸葛亮，正是他们的忠诚，让刘备信任、重用他们。缺乏忠诚往往在工作上便会懈怠，对团队形象和整体都是一种伤害。

（3）优秀的团队协作者还要有责任心。责任心的表现是对时间的把控，富有责任心的人按时完成任务，欠缺责任心的人自然一再拖延。

（4）团队精神是一个团队协作者所必备的，有极强团队精神的团队能够具有极高的稳定性和凝聚力。团队精神主要是指有大局意识、协作精神和服务精神，核心是协同合作，是个体利益和整体利益的统一，保证组织的高效率运转。

（5）有道德。道德自古便是中华民族的传统美德，人们经常说的"不要突破道德的底线"，便是对一个人最基本的要求。在团队协作中，遵守团队规定和制度，便是最基本的道德体现。

只有做到以上几点，才能在团队中成为好的协作者，为团队的发展做出贡献。

【延伸阅读】

1. 团结就有力量和智慧，没有诚意实行平等或平等不充分，就不可能有持久而真诚的团结。
2. 失败的团队没有成功者，成功的团队成就每一个人！凝聚团队，聚焦目标，为梦想创造无限可能！
3. 记得三个尊：尊重自己，尊重别人，保持尊严，对自己的行为负责。
4. 一定要把团队精神、团队目标的概念，输入到每一个员工身上，让他们凡事以团队的利益、团队的目标为优先考量。①

---

① https://www.duanwenxue.com/jingdianyulu/4897304.html

# 第十二章 管理好自己的时间

**【章节解析】**

时间管理是能有效地控制和利用时间,避免无端的浪费。在生活、工作、学习中,好的时间管理能够让效率提升,让生活变得更加有意义。

时间管理是指通过事先规划和运用一定的技巧、方法与工具实现对时间的灵活有效运用,从而实现个人或组织的既定目标的过程。

**【学习目标】**

1. 了解时间管理的重要性。
2. 理解并学会根据事情的轻重缓急安排时间。
3. 练习根据事情的轻重缓急来安排一天的任务,以更有效地管理时间。

**【案例分享】**

### 案例一

有一位教授做过一个装瓶实验,他拿出一个瓶子,拿来了很多石子,又拿来好多沙子、很多水,然后他把石头往瓶子里装,装到瓶口的时候,教授问学生:"这个瓶子装满了没有?"学生们说:"装满了。"于是教授又往这个瓶子里面倒沙子,沙子倒到瓶口时,教授问学生:"这次满了没有?"学生们说:"满了。"教授又把水往瓶子里倒,当水倒到瓶口后,教授再一次问学生:"满了没有?"学生们不知道教授接下来还会采取怎样的措施,但想到前两次的错误回答,于是都不敢回答了。这个装瓶实验就是关于时间管理的启示,大石头之间会有空隙,沙子之间还有空隙,水里面可能还有空隙。同理,时间之间也存在空隙,珍惜时间的一个方法就是珍惜点点滴滴零碎的时间。此外,工作任务的完成要有程序和顺序,装瓶实验中如果先往瓶子里面装水,再往里面装沙子,然后再往里面放石头,就一定放不进去了。做事情也一样,一定要有优先顺序,不能捡了芝麻丢了西瓜,要抓最核心、最重要、最有价值的事情,而不是抓鸡毛蒜皮的事情,这样生活的意义才能彰显出来。①

### 案例二

伯利恒钢铁公司总裁查理斯·舒瓦普去会见效率专家艾维·利。艾维·利说,可以在10分钟内给舒瓦普一样东西,使其公司的业绩提高至少50%。

艾维·利递给舒瓦普一张空白纸,说:"在这张纸上写下你明天要做的六项最重要的事。"过了一会儿又说:"现在用数字标明每件事情对于你和你的公司的重要性次序。"这花了大约5分钟。艾维·利接着说:"现在把这张纸放进口袋。明天早上第一件事是把纸条拿出来,做第一项。不要看其他的,只看第一项。着手办第一件事,直至完成为止。然后用同样方法对待第二项、第三项……直到你下班为止。如果你只做完第五件事,那不要紧。因为你总是做着最重要的事情。"艾维·利又说:"每一天都要这样做。你对这种方法的价值深信不疑之后,叫你公司的人也这样做。这个试验你爱做多久就做多久,然后给我寄支票来,你认为值多少就给我多少。"整个会见历时不到半个钟头。几个星期之后,舒瓦普给艾维·利寄去一张2.5万美元的支票。

五年之后,这个当年不为人知的小钢铁厂一跃成为世界上最大的独立钢铁厂,艾维·利提出的方法为查理斯·舒瓦普赚得1亿美元。②

---

① https://www.doc88.com/p-306883840930.html
② http://www.lizhigushi.com/lizhixiaogushi/a12122.html

**【实践运用】**

　　*1. 制作时间表*

　　列出在未来 24 小时之内自己要完成的任务，尽可能详细些，包括工作、学习、用餐、家务活、娱乐活动等。表达方式不限，可以选用文字、图画或者符号。对所列出的事项按照轻重缓急进行排序。

　　*2. 情境再现*

　　请听小明在某个周六做了哪些事情，并且帮助小明根据任务的轻重缓急来安排事情的先后顺序，以帮助他更有效地管理时间。

　　小明在周六的清早醒来，觉得浑身是劲。他非常兴奋，因为干完家务后，他要和一个朋友看一场比赛。吃早饭时，他和哥哥聊天忘记了时间，于是他开始干家务活的时间晚了。当他做第一项家务活的时候，另一个朋友来他家和他聊天。于是他俩开始聊天，约 20 分钟后朋友离开，等朋友走后他才又开始干家务。接着，他还得修好单车、买回食用油才可能去看比赛。他不想错过比赛，他赶紧冲出去买回了修车的零件，顺路买回了食用油。不过他没有回家修好单车和放下食用油，直接去了朋友家。等比赛结束后，他走回家，但是把零件和食用油给忘了。

　　*3. 思考题*

　　在自己制作的时间表中，找出哪些事件可能会让你分心，从而不能按时完成任务。并思考以后如何规避。

**【总结分析】**

　　*1. 时间管理的概念*

　　你是否也会有这种感觉，当结束了一天的工作或者学习后，感觉这一天一直没有休息，可是回头想想，却不知道自己今天一天内到底忙了些什么，更不知道今天有什么收获，感觉这一天白过了，都是在瞎忙。那是因为我们缺乏对时间的管理，没有好好地规划学习和工作时间。只有学会了时间管理，对工作、生活做好时间的规划，才能有效地降低时间的浪费，让自己的生活更有意义。在学习上，做出合理的时间规划，定出小目标，在规定时间内完成每一个学习小目标，能防止对学习的倦怠，能极好地提升学生的学习动机，取得良好的学习成绩。另外，日常工作中时间管理也能够最大化地实现工作目标，达到"三效"，即效果、效率、效能。效果，是确定的期待结果；效率，是用最小的代价或花费所获得的结果；效能，是用最小的代价或花费，获得最佳的期待结果。在生活中，时常嘴里喊着"无聊"的人往往时间管理意识淡薄。每个人的时间都是一处矿产，但资源是有限的，终究会有用尽的一天。这座矿中的资源你可以随意使用，去更用心地学习，更投入地工作，更有意义地生活，如果你不善于利用，它就会悄悄溜走，一去不回。时间管理能够让你合理、充分地利用好这座矿产。人生的挑战有很多，如何去克服就是时间管理给出的答案，越会时间管理的人越能在日常生活中积累经验、知识去解决问题。时间管理不仅在学习和生活中会产生意想不到的效果，也能在人生道路的意义上具有指导作用。用最小的时间成本获得最大的利益，实现人生的价值，是时间管理最重要的意义。

## 2. 时间管理的原则

每个人每周都有 168 个小时，每月约有 720 小时的时间，你是如何使用这些时间的呢？仔细回想一下自己的时间都消耗在了哪里，是更多地投入在自己的兴趣上还是需要实现的目标上。当兴趣和目标产生了矛盾，你又是怎样利用自己的时间的呢？当你在认真思考这些的时候，你会发现自己对时间有了新的看法，时间是客观的，但是一个人的行为却是主观的，知道自己在兴趣和目标中的时间消耗，有意识地去平衡两者，便是时间管理的开始，一个人对时间的感觉便是管理意识的产生。良好的意识能帮助你更好地利用时间，调整自己行为和目标的一致性，通过知道自己在哪些地方消耗时间，便可以找出节约的地方。例如，有意识地将平均每天沐浴的时间从原来的 15 分钟调整为 10 分钟，那么每月会节省出 2.5 个小时。如果你不了解如何花费时间，便不具备有效管理时间的能力。在时间管理中，如果意识是拉开的弓，那么目标就是靶心，只有你确立目标和努力的方向时,你才能决定如何利用自己的时间。目标的设定就是你每天要做什么,每月需要完成什么,每年能获得什么,这些目标一旦设定好就需要采用步骤去实现,你需要了解实现目标所要做的事情以及设想目标的实现,这些设想可以强化你的行动力从而落实到具体的步骤中去。时间管理还要有选择,任何事情都有轻重缓急,你需要在选择之前对事情的性质做出区分,整理出哪些事情是重要的,哪些事情是次要的,重要和次要的事情中哪些是紧急的,哪些是不紧急的,可以尝试问自己两个问题:"这件事情我必须要做吗?""这件事情我自己想做吗?"除此之外,还要合理地分配时间,避免将时间花在琐碎的问题上。另外,时间管理还要制定规则,努力不浪费自己和他人的时间,例如,在打电话时可以有意识地控制打电话的时间和主题,做一个简短的开场;在等待他人时带本书阅读或者检查邮件、写点东西等。

### 3. 如何进行安排时间

时间管理体现出了你所有的计划和准备,但是良好的时间管理需要有正确的策略和技术。

(1) 首先便是自制一份任务清单,任务清单是一个系统,通过它,可以清楚地将你所有的事情集中管理。无论是学习还是工作,拥有一份任务清单,可以让你事半功倍。创建任务清单的方法有多种,可以用一个专门的记事本,也可以在手机或者电脑上创建记事文档。可以在一天结束时写下第二天要做的事情,也可以第二天对前一天遗留的事情加以补充或修改。任务清单有利于你对时间的组织,构建每一天,有利于避免对事情的遗忘,造成不好的结果,从而减轻心理压力,也有利于对事情进行标注,整理出易做或者难做的事情。

(2) 另外,对事情的优先安排,也是时间管理的重要策略,在工作和生活中每天都有干不完的事情,事情的优先选择可以运用四象限法则,分出 A、B、C、D 四类原则。A:紧急处理。B:根据愿景和价值组织活动。C:不要把所有急迫的事情都视为重要的事情,需要好好评估。D:尽量减少和删除。还要切记,在优先事项进行中要学会区分忙碌和效率,时间管理是用来提高成效而不是使自己更忙碌的,如果大量的工作接近不了你所定目标，就要警醒自己是否还要持续工作。

（3）时间管理还要学会二八定律，二八定律是经济学概念，但是时间本身就是一种资产，应用在时间管理上也合适。如果你从事的活动只需花 20% 的时间，即可取得 80% 的成效，就应该将时间花在这 20% 上面。能够有效进行时间管理的人，总是确保最关键的 20% 的活动具有最高的优先级。

（4）时间管理的策略还要学会专注，专注的工作学习也是对时间的节约，注意力的集中能提高解决问题的精准度。如何减少分心有以下几点建议：① 远离网络；② 将一切电子产品（游戏或视频）移出工作区域；③ 远离手机；④ 关门；⑤ 佩戴耳机但不要播放音乐。以上的时间管理策略，可以根据实际情况进行选择和制定。

【延伸阅读】

学会观察，你每一刻都在成长。
把时间放在学习上，成就了智慧。
把时间用在市场上，成就了经营。
把时间用在家庭上，成就了亲情。

# 第十三章 积极心态，拥抱阳光

## 【章节解析】

做一个积极的大学生，首先应该拥有积极的态度，乐观面对人生。近朱者赤，近墨者黑；物以类聚，人以群分。生活积极的人，他们的心态会影响我们，不要让那些消极的人用他们消极的话来干扰我们的行动。消极的人总是把一些问题想得过于复杂，以致不敢尝试。由此可见，积极态度在当代大学生生活与学习中起着至关重要的作用。

积极态度（Positive Mental Attitude）主要是指积极的心理状态，是个体对待自身、他人或事物的积极、正向、稳定的心理倾向。它是一种良性的、建设性的心理准备状态，在学校文化素质教育、心理教育、心理咨询与治疗操作层面上主要指学生各种正向、主动、积极的心理品质的培养和训练。

## 【学习目标】

1. 了解积极态度和消极态度的含义。
2. 了解积极态度对自身经历事情所产生的影响。
3. 认识运用不同态度对待同一件事所产生的不同效果。
4. 掌握应对事情应采用积极态度的策略。
5. 掌握保持积极态度的能力。

## 【案例分享】

### 案例一

拿破仑在一次与敌军作战时，遭遇顽强的抵抗，队伍损失惨重，形

# 第十三章 积极心态，拥抱阳光

势非常危急。拿破仑也因一时不慎掉入泥潭中，弄得满身泥巴，狼狈不堪。

可此时的拿破仑浑然不顾，内心只有一个信念，那就是无论如何也要打赢这场战斗。只听他大吼一声，"冲啊！"

他手下的士兵见到他那副滑稽模样，忍不住哈哈大笑起来，但同时也被拿破仑的斗志所鼓舞。一时间，战士们群情激昂、奋勇当先，终于取得了战斗的最后胜利。

无论在任何危急的困境中，都要保持乐观积极的心态，保持昂扬的斗志。你的自信，可以感染到你身边的人。乐观自信的态度也直接影响到人的一生。

## 案例二

迈克尔·乔丹1963年2月17日出生于纽约布鲁克林贫民区。他有两个哥哥、一个姐姐、一个妹妹，父亲微薄的工资根本无法维持家用。他从小就在贫穷与歧视中度过。对于未来，他看不到什么希望。没事的时候，他便蹲在低矮的屋檐下，默默地看着远山上的夕阳，沉默而沮丧。

13岁的一天，父亲递给他一件旧衣服："这件衣服能值多少钱？""大概一美元。"他回答。"你能将它卖到两美元吗？"父亲用探询的目光看着他，"傻子才会买！"他赌着气说。

父亲的目光真诚又透着渴求："你为什么不试一试呢？你知道的，家里日子并不好过，要是你卖掉了，也算帮了我和你的妈妈。"

他这才点了点头："我可以试一试，但是不一定能卖掉。"

他很小心地把衣服洗净，没有熨斗，他就用刷子把衣服刷平，铺在一块平板上晾干。第二天，他带着这件衣服来到一个人流密集的地铁站，经过六个多小时的叫卖，他终于卖出了这件衣服。

他紧紧地攥着两美元，一路奔回家。此后，每天他都热衷于从垃圾堆里淘出旧衣服，打理好后，去闹市里卖。

如此过了十多天，父亲突然又递给他一件旧衣服："你想想，这件衣服怎样才能卖到二十美元？"怎么可能？一件旧衣服怎么能卖到二十美元，他顶多只值两美元。

"你为什么不试一试呢?"父亲启发他，"好好想想，总会有办法的。"

终于，他想到了一个好办法。他请自己学画画的表哥在衣服上画了一只可爱的唐老鸭与一只顽皮的米老鼠，并在一个贵族子弟学校的门口叫卖。不一会儿，一个开车接少爷放学的管家为他的小少爷买下了这件衣服。那个十来岁的孩子十分喜爱衣服上的图案，一高兴，又给了他五美元的小费。二十五美元，这无疑是一笔巨款!相当于他父亲一个月的工资。

回到家后，父亲又递给他一件旧衣服："你能把他卖到两百美元吗?"父亲目光深邃，像一口老井，幽幽地闪着光。

这一回，他没有犹豫，平静地接过了衣服，开始了思索。

两个月后，机会终于来了。当红电影《霹雳娇娃》的女主演拉佛西来纽约进行宣传。记者招待会结束后，他猛地推开身边的保安，扑到了拉佛西身边，举着旧衣服请她签个名。拉佛西先是一愣，但是马上就笑了，没有人会拒绝一个纯真的孩子。

拉佛西流畅地签完名后，他笑了，开心地说道："拉佛西女士，我能把这件衣服卖掉吗?""当然，这是你的衣服，怎么处理完全是你的自由!"

他"哈"的一声欢呼起来："拉佛西小姐亲笔签名的运动衫，售价两百美元!"经过现场竞价，一名石油商人出一千两百美元的高价收购了这件运动衫。

回到家里，他和父亲，还有一大家人陷入了狂欢。父亲感动得泪水横流，不断地亲吻着他的额头："我原本打算，你要是卖不掉，我就找人买下这件衣服。没想到你真的做到了!你真棒!我的孩子，你真的很棒!"

一轮明月升上夜空，透过窗户柔柔地洒了一地。这个晚上，父亲与他抵足而眠。

父亲问："孩子，从卖这三件衣服中，你明白什么了吗?"

"我明白了,您是在启发我,"他感动地说,"只要开动脑筋,办法总是会有的。"

父亲点了点头,又摇了摇头:"你说得不错,但这不是我的初衷。"

"我想告诉你,一件只值一美元的旧衣服都有办法高贵起来,何况我们这些活生生的人呢?我们有什么理由对生活丧失信心呢?我们只不过黑一点儿、穷一点儿,可这又有什么关系?"

就在这一刹那间,他的心中,一轮灿烂的太阳升了起来,照亮了他的全身和眼前的世界。"连一件旧衣服都有办法高贵,我还有什么理由妄自菲薄呢!"

从此,他开始努力学习、严格锻炼,时刻对未来充满希望!二十年后,他的名字传遍了世界的每一个角落。

【实践运用】

1. 讨论发言

(1) 分享一个用积极态度做事,由此产生了良好效果的亲身经历。

(2) 谈谈身边有没有人或事改变了你的心态。

(3) 课堂中,你正在使用手机查询老师讲课中未听清楚的内容,而老师点名批评了你,此刻你应该采取怎样的态度和措施来处理这件事?

(4) 如果你的朋友多次以各种理由拒绝你的邀约,此时你会采取怎样的态度呢?

(5) 课程结束后,你是否愿意在今后对待不同的人或事所采取的态度上进行一些转变?

2. 情境再现

表演场景:一个村里有两个人同时来到城里,在一处建筑工地上打工。小李每天按部就班地和着灰沙,回到工棚倒头便睡,几年过去了,小李依旧是建筑工地上的普通工人;小王每天干着手里的活儿,一有空就去看师傅们砌砖,注视着每一道工序,经常在干活之余,到各个工序打听,了解各种工序的情况,了解管理的方法、材料的价格,慢慢地,几年过去，他受到领导赏识，当上了工地上的师傅。

要求：请同学们分成两组进行情境演练，一组表演"小李式"对待工作的态度，另一组表演"小王式"对待工作的态度。通过两种不同情境的表演，大家有怎样的体会？在面对各类事情时，我们采取不同的态度对待会产生怎样不同的结果？

3. 思考题

（1）你觉得采用积极的态度对待各项事物与采用消极态度会有怎样的差异？

（2）请同学们在课后尝试转变对待各项事物的态度，在下次上课时与大家分享自己的体验。

## 【总结分析】

### 1. 积极态度的必要性

在漫长的人生道路上，我们是不可能一帆风顺的；相反，更多时候我们都是在面对困难，跨越荆棘，翻山越岭。因此，我们需要时刻保持一种积极乐观的心态，像普希金说的那样，"在愁苦的日子里心平气和"，始终相信"幸福的一天终究会来临"。

### 2. 如何使自己保持乐观积极的态度

人活着就是为了生活得更快乐、更幸福，而幸福的生活要靠自己努力争取。为了人生的奋斗目标，人必须努力工作，在工作中寻找乐趣，让单调乏味的工作充满生趣，使身心健康，生活和平而安逸，快快乐乐过好每一天。

首先，要树立正确的人生观、世界观。人为万物之灵，这是因为人具有思维能力，即人独有的极其复杂、丰富的主观世界，它的核心就是人生观和世界观。有了正确的人生观和世界观，一个人就能对社会、对人生、对世界上的万事万物持正确的认识，能采取适当的态度和行为反应，就能站得高、看得远，做到冷静而稳妥地处理各种问题。

其次，不要对自己过分苛求，应该把奋斗目标定在自己能力所及的范围之内，尽量使自己有圆满完成目标的可能。这样，你的心情就会十分愉悦。

再次，学会自我调控情绪，排除不良情绪，让自己在愉快的环境中度过每一天。积极向上的情绪状态，使人心情开朗，对生活充满热情与信心。因此，生活中应避免不良情绪的发展，遇到不好的事，换个方法变个方式思考，你将大有收获。

向朋友、亲人倾诉，以疏散郁闷情绪。自我放松，多参加休闲运动。积极参加集体活动，搞好人际关系，你会发觉每一天都是快乐的。

乐观是心胸豁达的表现，乐观是生理健康的目的，乐观是人际交往的基础，乐观是工作顺利的保证，乐观是避免挫折的法宝。

## 【延伸阅读】

人的健康是个系统的概念，而积极的心态是一个人心理健康的重要标志之一。教育的目的之一就是培养学生健全的人格和良好的心理素质，引领学生走向幸福和充满希望。下面摘录的几个小故事就蕴含着这样的哲理。

### 1. 摔碎的牛奶瓶

十几岁的桑德斯经常为很多事情发愁。他常常为自己犯过的错误自怨自艾，交完考试卷以后，常常会半夜里睡不着，害怕没有考及格。他总是想那些做过的事，希望当初没有这样做；总是回想那些说过的话，后悔当初没有将话说得更好。

一天早上，全班同学来到科学实验室。老师保罗·布兰德威尔博士把一瓶牛奶放在桌子边上。大家都坐了下来，望着那瓶牛奶，不知道它和这堂生理卫生课有什么关系。

过了一会儿，保罗·布兰德威尔博士突然站了起来，一巴掌把那牛奶瓶打碎在水槽里，同时大声叫道："不要为打翻的牛奶而哭泣。"

然后他叫所有的人都到水槽旁边，好好地看看那瓶打翻的牛奶。

"好好地看一看，"他对大家说，"我希望大家能一辈子记住这一课，这瓶牛奶已经没有了——你们可以看到,它都漏光了。无论你怎么着急,怎么抱怨,都没有办法再救回一滴。如果先加以预防,那瓶牛奶就可以保住。可是现在已经太迟了,我们现在所能做到的,只是把它忘掉,丢开这件事情,只注意下一件事"。

大道理:不要为打翻的牛奶而哭泣,要相信"船到桥头自然直",积极地去面对下一件事情。

### 2. 丢失了两元钱的车

罗森在一家夜总会里吹萨克斯,收入不高,然而,他却总是乐呵呵的,对什么事都表现出乐观的态度。他常说:"太阳落了,还会升起来,太阳升起来,也会落下去,这就是生活。"

罗森很爱车,但是凭他的收入想买车是不可能的。与朋友们在一起的时候,他总是说:"要是有一部车该多好啊!"眼中充满了无限向往。有人逗他说:"你去买彩票吧,中了奖就有车了!"

于是他买了两块钱的彩票。可能是上天优待他,罗森凭着两块钱的一张体育彩票,果真中了个大奖。

罗森终于如愿以偿,他用奖金买了一辆车,整天开着车兜风,夜总会也去得少了。人们经常看见他吹着口哨在林阴道上行驶,车也总是擦得一尘不染的。

然而有一天,罗森把车泊在楼下,半小时后下楼时,发现车被盗了。

朋友们得知消息,想到他那么爱车如命,几万块钱买的车眨眼工夫就没了,都担心他受不了这个打击,便相约来安慰他:"罗森,车丢了,你千万不要太悲伤啊!"罗森大笑起来,说道:"嘿,我为什么要悲伤啊?"

朋友们疑惑地互相望着。

"如果你们谁不小心丢了两块钱,会悲伤吗?"罗森接着说。

"当然不会!"有人说。

"是啊,我丢的就是两块钱啊!"罗森笑道。

大道理:换一个角度,就能得到快乐。丢掉生活中的负面情绪,要有一种认识挫折和烦恼的胸怀。

### 3. 借锤子

有一个人想挂一张画。他有钉子，但没有锤子。邻居有锤子，于是他决定到邻居那儿去借。

就在这时，他起了疑心：要是邻居不愿意把锤子借我，那怎么办？昨天他对我只是漫不经心地打招呼，也许他匆匆忙忙，也许这种匆忙是他装出来的，其实他内心对我是非常不满的，但什么事不满呢？我又没有做对不起他的事，是他自己在多心罢了。要是有人向我借工具，我立刻就借给他，而他为什么会不借呢？怎么能拒绝帮别人这么点儿忙呢？而他还自以为我依赖他，仅仅因为他有一个锤子！我受够了。

于是他迅速跑过去，按响门铃。邻居开门了，还没来得及说声"早安"，这个人就冲着他喊道："留着你的锤子给自己用吧，你这个恶棍！"

大道理：消极的思想造成错误的行为，积极的心态可以避免一切不必要的麻烦和错误。

### 4. 砌墙

三个工人在砌一堵墙。有人过来问他们："你们在干什么？"

第一个人没好气地说："没看见吗？砌墙。"

第二个人抬头笑了笑说："我们在盖一栋高楼。"

第三个人边干活边哼着小曲，他满面笑容开心地说："我们正在建设一座新城市。"

十年后，第一个人依然在砌墙；第二个人坐在办公室里画图纸——他成了工程师；第三个呢，是前两个人的老板。

大道理：没有想象就不会有所作为，不积极地去规划自己的未来，你的一生也就会被限制住。

### 5. 四个过桥人

有一处地势险恶的峡谷，涧底奔腾着湍急的水流，而所谓的桥则是几根横亘在悬崖峭壁间的光秃秃的铁索。

一行四人来到桥头，一个盲人、一个聋人，以及两个耳聪目明的正常人。四个人一个接一个抓住铁索，凌空行进。

结果呢？盲人、聋人过了桥，一个耳聪目明的人也过了桥，另一个则跌下了深渊。

难道耳聪目明的人还不如盲人、聋人吗？

是的！他的弱点恰恰源于耳聪目明。

盲人说："我眼睛看不见，不知山高桥险，心平气和地攀索。"

聋人说："我耳朵听不见，不闻脚下咆哮怒吼，恐惧相对减少很多。"

那个过了桥的耳聪目明的人则说："我过我的桥，险峰与我何干？激流与我何干？只管注意落脚稳就够了。"

大道理：积极地面对周围的环境，不要被虚张声势所威吓，要知道，那多半是纸老虎，唯有一颗坦然面对而又积极进取的心，才可排除虚张声势对你的威吓。

### 6. 乐观者

有人问乐观者："假如你一个朋友也没有，你还会高兴吗？"

"当然，我会高兴地想，幸亏我没有的是朋友，而不是我自己。"

"假如你正行走时，突然掉进一个泥坑，出来后成了一个脏兮兮的泥人，你还会快乐吗？"

"当然，我会高兴地想，幸亏掉进的是一个泥坑，而不是无底洞。"

"假如你被人莫名其妙地打了一顿，你还会高兴吗？"

"当然，我会高兴地想，幸亏我只是被打了一顿，而没有被他们杀害。"

"假如在拔牙时，医生错拔了你的好牙而留下了患牙，你还会高兴吗？"

"当然，我会高兴地想，幸亏他错拔的只是一颗牙，而不是我的内脏。"

"假如你正在打瞌睡时，忽然来了一个人，在你面前用极难听的嗓门唱歌，你还会高兴吗？"

"当然，我会高兴地想，幸亏在这里号叫着的是一个人，而不是一匹狼。"

"假如你马上就要失去生命，你还会高兴吗？"

"当然，我会高兴地想，我终于高高兴兴地走完了人生之路，让我随着死神,高高兴兴地去参加另一个宴会吧。"

大道理:痛苦往往不请自来,而快乐和幸福往往需要人们去发现、寻找。你对自己的态度,可以决定你的快乐与悲哀。只要你希望自己快乐,你就能得到快乐。

# 第十四章 凡事预则立，不预则废

## 【章节解析】

大家经常讨论"如何有效实现目标",但在这个话题前面,还有更重要的一步,那就是设立目标。确立目标是实现目标的前一个环节,至于为什么说它重要,那是因为"如果你都不知道自己想要什么,你又怎么能得到呢"。你自己想想,如果没有梦想,也就不用提及实现或不实现了。

目标是对活动预期结果的主观设想,是在头脑中形成的一种主观意识形态,也是活动的预期目的,为活动指明方向,具有维系组织各个方面关系,构成系统组织方向的核心作用。

## 【学习目标】

1. 了解目标的含义。
2. 了解设定目标对完成事情所能产生的影响。
3. 认识设定目标的重要性。
4. 掌握如何根据实际情况设定具体的目标。

## 【案例分享】

### 案例一

从美国耶鲁大学追踪调查写下目标的毕业生的故事说起。1953年,美国耶鲁大学对应届毕业生进行了一项有关目标的调查,研究人员问参与调查的学生这样一个问题:"你们有目标吗?"只有10%的学生确认他们有目标。

## 第十四章　凡事预则立，不预则废

研究人员又问了第二个问题："如果你们有目标，那么，你们可不可以把它写下来呢？"结果只有4%的学生清楚地把自己的目标写下来。

20年后，耶鲁大学的研究人员在世界各地追访当年参与调查的学生，他们发现，当年白纸黑字写下人生目标的那些学生，无论是事业发展还是生活水平，都远远超过了另外那些没有写下目标的同龄人。这4%的人拥有的财富居然超过那96%的人的总和。那些没有写下人生目标的96%的人，一辈子都在直接或间接地、自觉或不自觉地帮助那4%的人实现人生目标。

一些专家在进行统计和调研后发现，针对目标设定，世界上有四种人。

### 1. 第一种人

约3%的人会制订并写下自己的目标。通常他们会非常认真地制订自己人生的目标，并且把它记录下来。一段时间以后再做一个反思与检讨，看看有没有实现自己阶段性的目标和阶段性的工作计划。

### 2. 第二种人

约10%的人会认真思考自己的目标。尽管如此，他们只是在那里想，只有模糊的概念。但是没有一个过程的设计，没有一个具体的计划。

### 3. 第三种人

约60%的人思考过自己的目标。但是他们并不认真，也谈不上什么计划。

### 4. 第四种人

约27%的人则完全没有人生的目标。他们过一天算一天，今天吃饱了就不考虑明天，浑浑噩噩地过日子。

经过统计，第一种人的成功率是最高的；第二种人的成功率也很高；第三种人的成功率很低；第四种人不可能成功，因为他们没有目标，怎么可能成功呢？

### 案例二

日本著名马拉松运动员山田本一曾在1984年和1987年的国际马拉松

比赛中两次夺得世界冠军。当记者问他凭什么取得如此出色的成绩时，山田本一总是斩钉截铁地回答道："凭智慧战胜对手，取得胜利。"

人们都知道，马拉松比赛主要是运动员体力和耐力的较量，爆发力、速度和技巧都在其次，对山田本一凭智慧取胜的回答，许多人疑而不信，总觉得他是在故弄玄虚。然而十年后，人们终于从山田本一的自传中，验证了他确实是"凭智慧取胜"。

他在自传中写道："每次比赛之前，我都要乘车将比赛的路线仔细地勘查一遍，并把沿途比较醒目的标志画下来，比如第一个标志是一家银行，第二个标志是一棵大树，第三个标志是一座公寓，这样一直到赛程的终点。比赛开始后，我以百米冲刺的劲头向第一个目标冲去；到达第一个目标后，又以同样的速度向第二个目标冲去。四十多千米的路程就这样被我分解成若干个小目标而轻松地跑完。"

**案例三**

美国人布芬年轻的时候，生性懒惰，成天只知道吃喝玩乐。人们认为他因为生活在富裕之家，养成了浪荡公子的习性，一辈子只能碌碌无为了。面对人们的指责，布芬决心痛改前非，立志在科学研究领域做出一番事业。人们对他的志向只是付之一笑。

为了实现自己的人生目标，布芬决心首先改掉爱睡懒觉的毛病。为了早起，他要求用人在每天早上六点以前叫醒他，并必须保证让他准时起床，这样用人可以额外获得一笔小费。

但是，当用人叫他的时候，他却装病不起来，还生气地骂用人打扰了他睡觉。当他起床后发现已经是上午十一点了，他又训斥用人没有及时把他叫起来。这样一来，用人决意拉下脸来，强迫他起床。

一次，布芬在床上，无论如何也不肯起来，用人端来一盆凉水泼在了他的床上，这一办法立刻见效，并且屡试不爽。在用人的督促下，布芬终于养成了早起的好习惯。

从此，他每天从早上九点工作到午后两点，又从下午五点工作到晚上九点，日复一日，年复一年，四十年来从未间断过。后来，他完成了

## 第十四章 凡事预则立，不预则废

巨著《自然史的变迁》，成为一名享誉国内外的作家。

【实践运用】

1. 讨论发言

（1）分享一个你曾经确立目标并制订计划最后成功实现的案例。

（2）谈谈自己在碰到一件较为困难的事情的时候，是否会去制定目标一步步完成？

（3）你的老师要求某门课程全班都能达到一定成绩，作为班级的一分子，你应该制订怎样的计划？

（4）选择一个你现在想要拥有的东西，并谈谈自己会为之制订怎么样的计划？

（5）在本课中你学到了什么？你是否愿意改变一些你之前的做法？

2. 情境再现

表演场景：年后开始工作的第一天，公司员工都陆陆续续返工，有些带着疲惫，也有些面带喜悦、充满干劲。此时，格子间的小王已接收到领导分配的各项繁杂任务，忙得不可开交，一边是平级部门的催促，一边是上层领导施加的压力，而面对办公室的一大堆繁杂文件，此时的小王……

要求：请同学们分成两组进行情境演练，一组表现设立目标，制订计划，顺利完成工作；另一组表现未设立目标，忙得焦头烂额，最终没有成效。通过两种不同情境的表演，大家有怎样的体会？面对日常各种事情时，我们通过怎样的方式才能高效地完成？

3. 思考题

（1）你觉得制订计划与不制定计划对完成同一件事会产生怎样的不同效果？

（2）请同学们在课后尝试对某件近期想完成的事情设立相应的目标，确定相应的计划，下次课上给大家分享一下进度。

【总结分析】

1. 设定目标的重要性

（1）目标产生积极的心态。目标是你努力的依据，也是对你的鞭策。目标给你一个看得见的彼岸。实现这些目标，你就会有成就感，你的心态就会向着更积极主动的方向转变。

（2）目标使你看清使命，产生动力。有了目标，对自己心中喜欢的世界便有一幅清晰的图画，你就会集中精力和资源于你所选定的方向和目标上，因而也就更加热心于你的目标。

（3）目标使你感觉到生存的意义和价值。人们处事的方式主要取决于他们怎样看待自己的目标。如果觉得自己的目标不重要，那么所付出的努力自然也就没有什么价值；如果觉得目标很重要，那么情况就会相反。心中有了理想，你就会感到生存的重要意义；如果这个理想又是由一个个目标组成的，那么，你就会觉得为目标付出努力是有价值的。

（4）目标使你把重点从过程转到结果。成功的尺度不是做了多少工作，而是获得多少成果。

（5）目标有助于你分清轻重缓急，把握重点。没有目标，我们很容易陷入与理想无关的现实事务中。一个忘记最重要事情的人，会成为琐事的奴隶。

（6）目标使你集中精力，把握现在。目标对目前工作具有指导作用。也就是说，现在所做的，必须是实现未来目标的一部分。因而我们就会重视现在，把握现在。

（7）目标能提高激情，有助于评估进展。目标使我们心中的想法具体化，更容易实现，干起活来心中有数，热情高涨；目标同时提供了一种自我评估的重要手段，即标准，你可以根据自己距离目标有多远来衡量取得的进步，测知自己的效率。

（8）目标使人产生信心、勇气和胆量。信心、勇气和胆量来自"知己知彼"。对目标及实现过程的清晰透彻的认识，必然使你从容不迫，处变不惊。

（9）目标使人自我完善，永不停步。自我完善的过程，其实就是潜能不断发挥的过程。而要发挥潜能，你必须全神贯注于自己的优势并且会有高回报的方面。目标能使你最大限度地集中精力。当你不停地在自己有优势的方面努力时，这些优势必然进一步发展。

（10）目标使你成为一个成功的人。美国19世纪哲学家、诗人爱默生说："一心向着自己目标前进的人，整个世界都给他让路！"

2. 如何正确地树立目标

一是确定目标要切合实际。有个成语叫过犹不及，我们在确定奋斗目标时，一定要客观评价自己的能力素质和所处的环境条件，切不可好高骛远。

二是追求目标要坚持不懈。恒心是成功的秘诀，有了目标后，必须坚持不懈。

三是实现目标要分步细化。人生目标不可能一蹴而就，要区分大小远近。

其实摆在我们面前的每一项工作都是走向成功的台阶，只有将每件看似平常的事办好，才能积累成绩和经验，丰富人生和自我，最后成就事业、实现目标。

【延伸阅读】

有一个实验：三组人分别沿着长十千米的路步行去三个村子。

第一组的人不知道村子的名字，也不知道路有多远，只知道跟着向导走。刚走两三千米就有人抱怨，走了一半就有人放弃，坚持到底的人所剩无几，大家情绪也普遍低落。

第二组的人知道村子的名字和路程，但路上没有里程碑，只能凭经验估计时间和距离。大家一边走一边想自己到底走了多远，大概还要走多久，有经验的向导给他们做了解答，但大家还是觉得疲惫不堪，提不起干劲，觉得前路茫茫。

第三组的人不仅知道村子的名字、路程，而且知道沿路都有里程碑。大家边走边看里程碑，每到达一千米，大家心里都会有成就感和愉悦感，这些也抵消了他们的疲倦，对后面的路程也更有希望。他们很快全部到达了目的地。

# 第十五章　尊重自己与尊重他人

**【章节解析】**

生活中，人人都是平等的。人没有高低贵贱之分，人人都需要被理解、被尊重。尊重他人，你得到的回报，就是别人对你的尊重。孟子曾说过："爱人者，人恒爱之；敬人者，人恒敬之。"一个人与别人交往时，如果能很好地理解别人、体贴别人、尊重别人，那么他一定会得到别人加倍的理解和尊重。如果你去嘲笑、挖苦、羞辱别人，不仅贬低了自己的人格，也失去了别人对你的尊重，甚至会给自己带来灾祸。所以，一个人必须学会尊重他人，用自己的行动去感染他人，用自己的诚意去打动他人。尊重别人，是一种修养，是一种美德，而受人尊重则是一种幸福。

尊重的意思是尊敬、重视，古代多指将对方视为比自己地位高而必须重视的心态及其言行，现在已逐渐引申为平等相待的心态及言行。

**【学习目标】**

1. 了解自我尊重和尊重他人的含义。
2. 区分什么是尊重、什么是不尊重。
3. 认识待人接物所应采取的正确态度。
4. 掌握如何做到尊重自己与尊重他人。
5. 掌握欣赏他人的表达方式。

**【案例分享】**

**案例一**

传说张良闲暇时在桥上散步，有一位老年人，身穿粗布短衣，走到张良待的地方，把鞋子扔到桥下，对张良说："小子，下去拾鞋。"张良猛然一惊，一见老人如此大的年纪，就下去给他拾了鞋。

老人要张良替他穿上，张良想既已为他拾鞋了，也就跪下来为他穿鞋。穿好后，老人笑着走了。走了不远，又返回对张良说："你这个孩子可以培养，过五天，天一亮你来桥上等我。"

过了五天，张良来时，老人已先到，批评他说："和老人约会，怎么能迟到？过五天，你再来等我。"第二次，张良又迟到了。第三次，他半夜就去了。

老人很高兴，送给张良一部书，并且告诉他说："读了这部书，就可做帝王的老师了。十年后你会发迹。十三年后，你会在济北遇到我，谷城山下有块黄石就是我。"

张良一看，是一本兵书，叫《太公兵法》。张良认真阅读，终于学到了运筹帷幄、决胜千里的本领，据传，十三年后，张良跟随高祖路过济北，果真在谷城山下看见一块黄石，张良取回黄石，并把它当作珍宝供奉，张良死后，就和这块黄石合葬在一起。

### 案例二

阿尔倍托和妻子维多利亚女王感情和谐，但也有不愉快的时候，原因就在于妻子是女王。有一天晚上，皇宫举行盛大宴会，女王忙于接见王公贵族，把她的丈夫冷落在一边。阿尔倍托很是生气，就悄悄回卧室去了。不久，有人敲门，阿尔倍托冷静地问："谁？"敲门的人昂然答道："我是女王。"

门没有开，房间里没有一点动静。女王离开了，但她走了一半，又回过头，再去敲门。阿尔倍托又问："谁？"女王和气地说："维多利亚。"

可是门依然紧闭。维多利亚气极了，想不到以英国女王之尊，竟然还敲不开一扇门。她带着愤愤的心情走开了，可走了一半，想想还是要回去，于是又重新敲门。阿尔倍托仍然冷静地问："谁？"女王温和地说："你的妻子。"这一次，门开了。

## 【实践运用】

### 1. 讨论发言

（1）讲述一个自己受到尊重的经历及当时的感受。

（2）讲述一次你尊重别人的经历及当时的感受。

（3）近期你学业任务较为繁重，经常会看书至半夜，这种情况持续几天后，你的室友向你提出了意见，这时候你会选择怎么做？

（4）你的同学在刚结束的省级技能大赛中获得了一等奖，此刻你应该怎么表示对他的欣赏？

（5）在本课中你学到了什么？你是否愿意改变一些你之前的做法？

### 2. 情境再现

表演场景：王老师在上课时发现有同学在嚼口香糖，她先看了那个同学一会儿，看得他不好意思地低下头，以为他不会再嚼了，就继续上课。没想到过一会儿，看到那位同学居然还在嚼。这个时候，老师就叫他起来回答问题。一张口说话，他就露馅了……

要求：请同学们分成两组进行情境演练，一组表现得无视老师，边嚼口香糖边回答问题；另一组表示出对老师的尊重，主动向老师承认错误并认真回答问题。通过两种不同情境的表演，大家有怎样的体会？如果你面对这样的情况，会采取什么样的措施来解决问题呢？

### 3. 思考题

（1）如果一个人做不到尊重自己和尊重他人，会有怎么样的后果？

（2）请同学们在课后对某个自己欣赏的同学表达自己的欣赏，在下次上课时与大家分享自己的体验。

## 【总结分析】

### 1. 尊重自己与尊重他人的重要性

尊重他人就是尊重自己，一个集体往往靠这种相互支撑的尊重维系着成员之间的和谐与默契。尊重是一缕春风,驱除寒冬,带来花草的芬芳;尊重是一把火,照亮黑夜,给人前进的勇气。人与人之间的互相尊重,可以让人愉悦,催人奋进,助人成功。尊重,也是人与人之间的理解与宽容。在进行人际交往的同时,学会换位思考。

尊重是一种修养,是一种品格,是一个人待人接物的态度所折射出的自身操守及品质。

### 2. 如何做到尊重自己和尊重他人

尊重他人是人际交往中很重要的一个基本原则。尊重他人即尊重自己。一个不懂得尊重他人的人,是很难得到别人的尊重的。在人与人之间的交往中,自己待人、处事的态度往往决定了别人对你的态度,刚刚踏入社会的青年人尤其要明白这一点。在生活和交往中,我们想做到尊重他人,就要做好下面几点。

(1) 尊重不同意见。每个人都有自尊心,如果你对他所说的话欣然接受,这就是尊重他的意见,那么他就会在无形之中对你产生好感,觉得跟你谈得来。反过来,你不接受他的说法,直接正面反驳他,把自己放在他的对立面,那他能不为难你吗?特别是刚刚踏入社会的人不能争强好胜地说:"好,我证明给你看。"这等于是说:"我比你聪明,我要告诉你一些事,使你改变看法。"这是对对方的不尊重。你们不妨试着用委婉的方式去提醒对方,这样既尊重了对方,又表达出自己的意见,岂不是更好吗?

(2) 平等待人。所谓的平等待人,就是要做到对不同的人没有态度上的区别,一视同仁。对那些有权有势的人不谄媚,对穷困的人不歧视,对身有残疾的人不会瞧不起。平等待人是尊重他人的前提。记得一位作家说过:"对一个有优秀才能的人来说,懂得平等待人,是最伟大的品质。"如果你能以平等的态度与他人沟通交流,对方会觉得受到了尊重,从心里赞赏你,对你产生好感。如果你表现得盛气凌人,那么对方会感到压抑和自尊心受伤,那他潜意识里会拒绝与你交往,产生对你敬而远之的心理,歧视别人的结果是人与人之间的远离、心与心之间的隔阂,如果想要很好地与人相处,应该要平等待人。

（3）维护他人自尊。人大多喜欢赞美、厌恶批评，这是人类自尊的表现。在人际交往中，个人身上的缺点、弱点等一切不如别人的地方都有可能成为沟通中的忌讳。在此，尽量不要去踩这个"雷区"。

【延伸阅读】

有一位女士带着孩子去公司，孩子一直流鼻涕，她就拿出纸巾给他擦鼻涕，并随手将擦完鼻涕的纸巾丢在地上。

这时，在旁边打扫卫生的老人走过来把纸巾捡起来放进了垃圾桶，什么也没有说。

女士又把一张纸丢在地上，老人还是静静地把它捡起来放进垃圾桶里。

女士再次把纸巾丢在地上，老人依然没有说什么，只是把它再次捡起并放进垃圾桶里面。

这位女士瞥了一眼老人，借机教育起自己的孩子："如果你不努力学习的话，长大后就找不到工作，只有像那个人一样，干这些肮脏的活，被人瞧不起！"

老人这时走了过来，说："这里是××公司，只有公司职员才可以进来，请问您是怎么进来的？"

女士很自豪地说："我是公司营销部的经理！"

老人听了，拿出电话拨了一个号码，随后在公司办公楼里出来一位年轻人，老人对他说："我建议你重新考虑一下营销部经理的人选。"

年轻人尊敬地回答道："好的，我会慎重考虑您的建议。"

原来，那"清洁工"是公司刚回国不久的总裁！

最后老人蹲下来，微笑着对小孩说："孩子，人不光要懂得好好学习，更要懂得尊重身边的每一个人！"

# 第十六章　勇敢接受批评

### 【章节解析】

批评有两种含义：一是基于美学意义的解释，指通过运用理论方法对作品进行梳理，如文艺批评；二是基于狭义的生活习语，专指对缺点和错误提出意见，如批评学生不遵守学校的规章制度。批评不是指责、不是抱怨、不是批判，批评不是贬义词。①

佛陀说："世界上没有一个人，不曾被批评过。"所以大家要把逆境当作是自然，每一个人都要接受批评。徐特立也曾说过："一分钟一秒钟自满，在这一分一秒间就停止了自己吸收的生命和排泄的生命。只有接受批评才能排泄精神的一切渣滓。只有吸收他人的意见，才能添加精神上新的滋养品。"批评可以鼓励人向前，鞭策人进步，引导人归正。李四光曾经说过："真正的科学精神，是从正确的批评和自我批评发展出来的。真正的科学成果，是经得起事实考验的。有了这样双重的保障，我们就可以放心大胆地去做，不会自掘妄自尊大的陷阱。"

### 【学习目标】

1. 理解批评的意义。
2. 了解批评对我们的帮助和提升。
3. 运用有效的方式来对待批评。
4. 能够勇敢地接受批评。

---

① https://baike.baidu.com/item/%E6%89%B9%E8%AF%84/9883872?fr=aladdin

## 第十六章　勇敢接受批评

**【案例分享】**

### 案例一

邹忌是齐国的谋臣,以敢于进谏和善于辩论著称。据《战国策》记载,有一次邹忌听齐威王弹琴,他于是借谈琴来说明治国安民的道理:弹琴要音调和谐才算善于弹琴,治国也和弹琴一样,能安抚百姓才算是善于治国。齐威王听后,大为赞赏,于是封他为齐相。

邹忌身高八尺,仪表堂堂。一天早晨,他穿戴好衣帽,照着镜子,对他的妻子说:"我同城北徐公比,谁漂亮?"他妻子说:"您漂亮极了,徐公哪能比得上您呢?"城北的徐公,是齐国的美男子。邹忌不相信自己会比徐公漂亮,就又问他的妾:"我同徐公比,谁漂亮?"妾说:"徐公怎么能比得上您呀?"第二天,有客人从外边来,邹忌同他闲聊时,又问他:"我和徐公谁漂亮?"客人说:"徐公不如您漂亮。"又过了一天,徐公来了,邹忌仔细端详他,觉得自己不如徐公漂亮。再照镜子看看自己,觉得比徐公差远了。于是感慨说:"我妻子认为我漂亮,是偏爱我;妾认为我漂亮,是害怕我;客人认为我漂亮,是有求于我。"

第二天,上朝拜见齐威王,说:"我不如徐公漂亮,但我的妻子偏爱我,我的妾害怕我,我的客人有求于我,他们都认为我比徐公漂亮。如今齐国有方圆千里的疆土,一百二十座城池,宫中的嫔妃、近臣,没有不偏爱您的,朝中的大臣没有不害怕您的,全国的老百姓没有不有求于您的。由此看来,大王您受蒙蔽很深呀!"

齐威王就下了命令:"官吏百姓能够当面指出我的过错的,可得上等奖赏;书面劝谏我的,可得中等奖赏;在公共场所批评议论我的过失,传到我耳朵里的,可得下等奖赏。"命令刚下达,群臣都来进谏,像集市一样;几个月以后,还偶尔有人来进谏;满一年以后,就是想进谏,也没什么可说的了。

燕、赵、韩、魏等国听说了这件事，都到齐国来朝见。这就是所谓在朝廷上就战胜了别国。如果邹忌直言规劝，板起面孔，摆出义正严词的态度，齐威王若是昏君，邹忌可能被杀。邹忌显然高明多了，他婉言规劝，用具体的事实说明抽象的道理，变深奥为浅显，变复杂为简明，变逆耳为顺耳，委婉而有说服力。

### 案例二

有一次，几个属鼠的男同学在期中考试中考了满分，挺得意，他们的班主任发现了，就对他们说："怎么，得意了？你们知道得意意味着什么吗？请注意今天下午的班会。"那几个学生猜想：糟了，等待他们的准是狂风暴雨！可奇怪的是，班会上班主任的批评却妙趣横生。他是这么说的："树林子要是大了，就什么鸟儿都有，自然天下大了，就什么老鼠都有。有只小老鼠外出旅游，恰好两个孩子在下兽棋，小老鼠就悄悄地看，还发现了一个秘密：尽管兽棋中的老鼠可以被猫吃掉，被狼吃掉，被虎吃掉，却可以战胜大象。于是小老鼠立刻认定，它才是真正的百兽之王。这么一想小老鼠就得意起来了，从此瞧不起猫，看不起狗，甚至拿狼寻开心。有一天，他还大摇大摆地爬到老虎的背上，恰好老虎正在打瞌睡，懒得动，就抖了抖身子。小老鼠于是更加得意，他还趁着黑夜钻进了大象的鼻子，大象觉得鼻子痒痒，打了个喷嚏，小老鼠立刻像出膛炮弹似的飞了出去，就这么飞呀飞，好半天才扑通一声掉在臭水坑里！好，现在就请大家注意一下，'臭'字的写法，怎么写的？'自大'再加一点就是'臭'。有趣的是，今年正好是鼠年，咱们班有不少属鼠的同学，那么，这些'小老鼠'会不会也掉到臭水坑里呢？我想不会，但必须有一个条件，那就是永不骄傲！"

### 【实践运用】

1. 讨论发言

请在班级里组建两支辩论队，围绕"批评比鼓励更有利于人的成长"

这一辩题展开辩论。

2. 情景再现

在班级组织一次班会课,主题是"批评与自我批评"。

项目一:自我批评。在班级里选择十位同学进行自我批评,主要说出自己在学习和生活方面的缺点。

项目二:互相批评。这十位同学通过抽签的方式,两两组合进行互相批评。本着关心同学的目的,善意地提出对方的缺点,同时也为对方提出合理的建议。

项目三:总结共同缺点。

项目四:老师总结。可以说,在批评与自我批评中,除了丢掉缺点之外,我们什么也不会丢掉,得到的却是他人和自身的进步。那种批评别人怕得罪人,批评自己轻描淡写,对待别人的批评讳疾忌医等现象,都是需要克服的。要严于自我解剖、自我批评,在批评与自我批评的过程中不断提高自我教育的能力,加强自我修养的自觉性,以求得新的进步。

3. 思考题

在以后的学习和生活中如何勇于接受别人的批评。

【总结分析】

1. 批评的意义

批评的反馈是人们不想要的东西,因为接受批评是一件令人非常不愉快的事情,更不用说主动去做这件事情了。[①] 接受批评,往往自己会处于一个相对脆弱的位置,怕听到自己不想听的意见。但是,如果你想快速全面地成长,你必须学会接受批评。人无完人,接受批评,你可以了解你的不足,看到自己看不到的地方。接受批评,并且根据批评提高自己,是你学习、成长的重要方法。

---

① 马丽丽. 批评教育的德育价值及其实施路径[D]. 曲阜:曲阜师范大学,2019.

### 2. 如何勇敢地接受批评

（1）首先要正确对待批评。为什么存在开展批评难的问题，有的人奉行对别人"多栽花、少栽刺"，明哲保身、少说为佳；有的人对别人提出的批评不能接受，或者搪塞应付等。这些问题说到底是个"怕"字，怕批评自己，于是息事宁人，一团和气，这些存在的问题，对己、对他人都是有害的。只有经常开展批评与自我批评，才能不断提升自我。

（2）仔细聆听。不要打断对方，注意听并且记下对方的意见。

（3）学会宽容。有些人给你的批评意见，往往带着各种各样的刺，中肯的批评方式一般是可遇不可求的，所以要有一颗宽容的心。

（4）理解透彻。必须问清具体的事例，弄清对方在哪个地方批评你。不要接受了半天批评，最后连哪个地方做错了也没弄清楚。

（5）感谢对方。无论多么让人难以接受的批评，你都应该表示感谢。至少你要把"谢谢"两个字说出来。

（6）通告结果。你把批评的地方改进之后，必须要告诉对方你是如何改进的，取得了什么结果。

**【延伸阅读】**

有个寺院的小沙弥，在化缘的时候与一个农妇发生了争吵，后来互相撕扯起来，结果两个人都把对方的脸给抓破了。寺院的其他和尚赶来，把他们劝开，并把受伤的小沙弥送回寺院。

老法师了解情况后，对小沙弥一句教训的话也没有，张罗着在供品里为那个农妇寻找礼物，并亲自带着小沙弥去给农妇赔礼道歉。这样一来，那个农妇也变得知情达理了，在老法师面前说，这个事情都怪自己，不该和来化缘的小沙弥争吵动手。

从农妇家回寺院的时候，天已经很黑了。老法师一个没注意，被一块石头绊倒了。小沙弥扶起法师后，狠狠地朝那块石头踢了几脚。老法师对小沙弥说："石头本来就在原地，它又没动，是我不小心踩上它的，一点儿也不能怪它啊。这次磕绊是自找的,我理应向石头道歉……"小沙弥愣了一阵,终于领悟了法师的开导,自责而歉疚地说:"对不起,师父,是我错了。今后我一定注重个人的修养,学会尊重他人,感化他人,尽量不犯错误或少犯错误。"

# 第十七章　积极面对压力

## 【章节解析】

压力是一种主观形成的产物，引发压力的压力诱因（Stressor）完全取决于我们每个人看待事情、事物的方式。[①] 比如，对于面对公众演讲这件事，有的人会产生巨大的心理压力，觉得很难应对；有的人可能觉得非常轻松，毫无压力。再比如，面对巨大的人生变故或不如意的生活状态，有的人一蹶不振，从此消沉下去，而有的人却不放弃希望，努力奋斗，走出困境。

压力就像空气，无处不在。它存在每个人的生活中，时隐时现。学生有学习的压力，年轻人有工作的压力，中年人有"上有老下有小"的压力，老年人有健康的压力。不要担心压力的存在，要积极面对压力。

俗话说"人无压力轻飘飘，钢无压力不成刀""生于忧患，死于安乐"。事实证明，不是所有的压力都是有坏处的，适当的压力反而可以促使我们更加努力地学习、工作，有利于我们的健康发展。但过度的压力容易让我们消沉、失落、走极端，研究表明，持续、高强度的压力对我们的身体是有害处的，容易引发疾病。所以，我们要正确认识压力，保持适度的压力。

## 【学习目标】

1. 认识哪些情景会让自己感到有压力。
2. 列出面对压力时的要求。
3. 建立面对压力时的策略。
4. 将以上要求应用于相关压力情景。

---

[①] http://nulishehui.blog.caixin.com/archives/152964

# 第十七章 积极面对压力

## 【案例分享】

### 案例一

有一位经验丰富的老船长,他的货轮卸货后返航时,突然遭遇了可怕的风暴。水手们惊慌失措,老船长果断地命令水手立刻打开货舱,往里面灌水。"船长是不是疯了,往船舱里灌水只会增加船的压力,使船下沉,这不是自寻死路吗?"

看着船长严厉的脸色,水手们还是照做了。随着货舱里的水位越升越高,随着船一寸一寸地下沉,依旧猛烈的狂风巨浪对船的威胁却在一点一点地减少,货轮渐渐平稳了。船长望着松了一口气的水手们说:"万吨的巨轮很少有被打翻的,被打翻的常常是比较轻的小船。船在负重的时候,是最安全的;空船时,则是最危险的。"

这就是"压力效应"。那些得过且过,没有一点压力,做一天和尚撞一天钟的人,像风暴中没有载货的船,往往一场人生的风浪便会把他们打翻。

### 案例二

海伦·凯勒在一岁多的时候,因为生病眼睛看不见了。由于这个原因,海伦的脾气变得非常暴躁,动不动就发脾气、摔东西。家里人看这样下去不是办法,便替她请来一位很有耐心的家庭教师苏丽文小姐。海伦在她的熏陶和教育下,逐渐改变了。她利用触觉、味觉和嗅觉来认识四周的环境,努力充实自己,后来更进一步学习写作。

几年以后,当她的第一本著作《我的一生》出版时,立即轰动了美国。在她的《假如给我三天光明》一文中,更是表达出了她那坚强、乐观和向上的精神,而这一切都该归功于她对生活的认识。当把失明仅仅看成压力的时候,她痛苦惆怅,所以不能真正面对生活;当她把压力化为动力的时候,生活就选择了她。

## 【实践运用】

### 1. 讨论发言

选几名同学,分享他们在学习以及生活方面存在的压力。再让同学们思考自己是如何应对压力的。

### 2. 情景再现

让同学们回想高三的岁月,自己曾经有压力的故事以及当时是如何调适压力的。

### 3. 思考题

如何积极面对压力?

## 【总结分析】

### 1. 如何理解压力

这是一个处处充满压力的时代,压力无处不在。我们经常在"压力山大"的时候羡慕别人看似悠闲的生活,那么没有压力真的好吗?叶克思-多德森法则(Yerkes-Dodson Law)表明:维持一定程度的压力对人是健康的,甚至是有益的。零压力等于零乐趣,没有乐趣的人生,还有什么意义呢?

压力分为正压力(Eustress)和负压力(Distress)。顾名思义,正压力是我们希望拥有的压力,它使生活充满趣味,启发动力,也就是我们常说的正能量;负压力消磨我们的精力,阻碍我们发挥处理问题的能力。[①]

苏珊由于母亲晚育分娩时对其造成的脑部伤害,一直有学习障碍。据苏珊回忆,同学们经常叫她"呆蛋苏斯"(Susie-Simple)。成人后的漫长岁月,苏珊一直处于无业状态,直到在 2009 年的英国达人秀上一展歌

---

[①] 周若男. 压力感与人格的关系:自我效能感、自我价值感的链式中介作用[D]. 喀什:喀什大学,2019.

喉，震撼的歌声感动了每一位评委和观众，一举成名。苏珊大妈的成功背后是日积月累的不懈努力，更是积极乐观面对生活困境的强大内心。

2. 积极面对压力的对策

一是认知重建。思维方式直接影响压力等级。正是自己的思维，塑造了生活中的事件和周围的环境。例如，要么做到最好，要么就不做的完美主义；认为别人在针对自己的个人化思维；总喜欢把积极一面打折扣，预想最坏情况会发生的消极思维等。如果你有上述情况，那么认知重建或许是个好方法。此时你需要提升自信，时常提醒自己，你已经做得很好了，要允许事情出错；也需要对未来抱有希望，坚信好的事情一定会发生；更需要创造接受挑战的积极感来代替面对压力的消极感，从发现问题变换到改善问题；另外还需要阻止负面情绪，我们要对所思所想具有控制力，学着禁止那些自动产生的消极思维进入我们的大脑。

二是活在当下。我们时常会纠结于某一个内心状态无法自拔，对于眼前真实的世界视而不见。压力管理最重要的一个关键点，就是分清现实世界与主观世界，活在当下的现实世界。学习活在当下的方法非常简单，首先需牢记一句话，"像个孩子一样思考"！孩子的世界单纯明亮，不评断别人，不顾虑过去，不担忧明天，只活在今天。认真做好每一件事，并庆祝每一个快乐的时刻，这才是我们应有的生活方式，也是管理压力的有效法则。

三是控制情绪。每个人都有很多深埋在内心的负面情绪，有一些甚至是未曾察觉的。它们影响着我们的生活质量，甚至身心健康。我们需要做的，首先是发现它们，接着是学习控制它们。最重要的是控制造成精神重负的负面情绪，包括担忧、内疚和愤怒。未雨绸缪自然是好的，可是一旦担心未来发展为一种习惯，就会像病毒一样侵袭日常生活，使我们谨小慎微、缩手缩脚，甚至怨天尤人，给身边的人带来许多无形的压力。

## 【延伸阅读】

### 压力小测试

不论你是否成年，不论你是在象牙塔中还是已步入社会，抑或暂时告别了职场回归家庭……身处这个世界的每一个人都存在或多或少的压力。如果压力没有得到很好的排解和释放，就会积聚在心中，形成焦虑或者抑郁的情绪。长此以往，将很可能会对身心造成严重的伤害。

你近期感觉压力有多大呢？这个测试针对不同的人群进行不同方向的测评，请一定根据自己当下的真实状况进行答题，这样才能获得准确的分析和指导建议。

1. 你有什么独特的睡前习惯吗？（    ）

   A. 刷刷手机，但经常刷到半夜还没睡着

   B. 不喜欢做太多无聊的事，闭上眼很快就能睡着

2. 你目前的身份（    ）

   A. 学生

   B. 职场人

   C. 全职太太/奶爸

3. 假如你是一位职场新人，你的领导故意把繁重无聊的工作都扔给你，你会怎么想？（    ）

   A. 这是锻炼自己的时机，应该坚持

   B. 觉得不可思议，愤然离职

   C. 坚持一段时间，如果还是如此，重新找份工作

4. 看到自己的朋友过得比自己好，你会怎么想？（    ）

   A. 为他感到高兴，这是他应得的

   B. 羡慕他拥有的一切，并暗暗发誓要赶上他

   C. 表面无事但心生不平，觉得自己明明哪儿都比他好

5. 处于适婚年龄却仍然单身的你，总是被父母劝着赶紧结婚，你对

于这件事是怎样认为的？（　　）

　　A. 他们的确也是为我考虑，可以理解

　　B. 他们就是想抱孙子，根本不考虑我的感受

　　C. 缘分没到我有什么办法，难道要随便找个人对付

6. 你大部分时候早餐如何应付？（　　）

　　A. 出门随手买一些方便快捷的东西，在路上吃

　　B. 在家认认真真做了早餐吃完后再出门

　　C. "懒癌"晚期，基本不吃早餐

7. 在职场新人见面会上，你会如何表现自己？（　　）

　　A. 等着主持人安排大家轮流自我介绍

　　B. 还没开始就和大家热络地聊起来

　　C. 表现得安静稳重一点，或许会更好

8. 同部门的女同事总是被女领导排挤，你会怎么想？（　　）

　　A. 一定是因为打扮漂亮，被嫉妒了

　　B. 也许曾经不小心说错话得罪领导了

　　C. 应该仅仅因为工作的问题，加油努力

9. 台风天，公司突然决定放假，你会怎么做？（　　）

　　A. 好好睡到自然醒，放空一天

　　B. 做好出门准备，不能浪费了这突然的假期

　　C. 总担心会不会突然天气好转，假期中途取消

10. 出门总是忘记带钥匙而被锁在门外的你，为了不再花冤枉钱请人开锁，最有可能选择哪种办法解决问题呢？（　　）

　　A. 在大门背后贴一张纸，写上大大的"钥匙"二字提醒自己

　　B. 准备一把备用钥匙放在单位或者朋友家

　　C. 换电子密码或指纹锁

11. 在电影院看到情侣接吻，你会怎样做？（　　）

　　A. 迅速大声咳几声，让他们知道有人看见了

　　B. 内心毫无波澜甚至有点想笑

　　C. 假装没看见

12. 若某天,你得到了一笔巨款,足够你安逸地过完下半辈子,你会选择怎样做?(  )

A. 选择自己喜欢的事情当作事业继续规律的生活,并捐出一部分财富

B. 再也不工作了,从此潇洒人生

C. 拿出一部分投资,创造更多财富,剩下的尽情挥霍

13. 做完这个测试你觉得?(  )

A. 挺有趣的,心情好多了

B. 还行吧,感觉娱乐性比专业性更多一些

C. 完全没有帮助,还是觉得压力很大

# 第十八章　高效管理压力

### 【章节解析】

生活中小的压力无处不在。上班途中遭遇堵车、旅行时丢失物件等短期的压力并不会对我们的心理和生理健康造成长远的影响。真正需要我们去处理的是那些看似不明显，却一直存在的压力，即长期压力。比较常见的长期压力包括时间管理问题、个人期望、家庭期望和家庭生活、职业决定和财务问题、学习压力、生活安排、人际关系困难、生理疾病、环境压力、信息过量、选择困难、日常杂务。

长期承受负面压力的人，身体也会长期处于高速消耗模式，这也就解释了为什么我们在压力状态下会在感到无端的疲乏，肌肉酸痛，甚至产生一些慢性疾病，例如慢性胃炎、心脏病、免疫系统疾病以及未老先衰的症状等。同时，压力会通过这些身体疾病间接地影响我们的行为，例如反应变慢、行动迟缓、语言沟通障碍等。鉴于此，必须高效管理压力。

### 【学习目标】

1. 了解什么是"压力"。
2. 认识新时代青年常见的压力。
3. 认识压力的体征和症状。
4. 了解长时间处于极大压力状态下生活、学习会怎样。
5. 建立属于自己的压力管理计划。

### 【案例分享】

#### 案例一

有一位讲师正在给学生们上课，大家都认真地听着。"各位认为这杯水有多重？"说着，讲师拿起一杯水。有人说二百克，也有人说三百克。"是的，它只有二百克。那么，你们可以将这杯水端在手中多久？"讲师又问。很多人都笑了：二百克而已，拿多久都可以！

讲师没有笑，他接着说："拿一分钟，各位一定觉得没问题；拿一个小时，可能觉得手酸；拿一天呢？一个星期呢？那可能得叫救护车了。"大家又笑了，不过这回是赞同的笑。

讲师继续说道："其实这杯水的重量很轻，但是你拿得越久，就觉得越沉重。这如同把压力放在身上，不管压力是否很重，时间长了就会觉得越来越沉重，甚至无法承担。我们必须做的是放下这杯水，休息一下再拿起，只有这样我们才能拿得更久。所以，我们所承担的压力，应该在适当的时候放下，如此才可能承担得更久。"

## 【实践运用】

### 1. 讨论发言

（1）分享近期你或者你朋友遇到的具有代表性的压力事件。

（2）你是如何管理压力或者是如何帮你朋友释放压力的？

### 2. 情景再现

小品表演

第一幕：考前两周。灵臻坐在桌前，翻了翻日历，心想：糟糕，还有两周就要期中考试了。我这数学作业怎么总也做不完呀！哎！烦，烦死人了！（打哈欠）怎么总是这么困呀！不做了，睡觉去。突然，他看到墙上的挂钟，想：不行，还是继续努力吧。要不然，又要考砸了。哼！这回再考不好，我就不活了！

第二幕：考前半小时。完了完了，再过半小时就要考数学了，我怎么还有这么多题没看完！怎么老口渴呀！都喝两瓶水了。得抓紧时间再看几题。糟糕！怎么又想上厕所了，这可是第三趟了！

（丁零！）不紧张，不紧张。深呼吸。吸……呼……吸……呼……

第三幕：考试中。深呼吸。然后稳定情绪，开始答题。糟糕！怎么才第三题就不会做了。没关系！老师说过：先易后难嘛！对！先做后面，待会儿再回过来做！（继续答题）哎呀！又一道题不会做（开始紧张）。然后抬起头环顾一下周围（突然显得很紧张），想：完了，别人怎么都做到第二面了，我不仅第一面没做完，还有两题不会做，这下可完了！

第四幕：考试后。战战兢兢、闭着眼睛接过老师发下来的卷子，经过几次深呼吸，才缓慢地睁开眼睛，瞄了一下卷子。突然揉了揉眼睛，怎么也不敢相信自己才考了 42 分。气得把卷子揉成一团，塞到抽屉里。痛苦地趴在桌子上哭了起来。为什么每次我的付出与劳动总不能成正比呢？看来我根本不是一块读书的料，回家怎么向妈妈交代呀！

这时，拿出一张纸，伏在桌子上写了起来："遗书……"

### 3. 思考题

你认为运动对释放压力有用吗？请举例说明。

**【总结分析】**

每一个大学生在求学成才、提升自我能力的成长过程中，都会面临一些机遇和挑战，那么也就不可避免地会遭遇一些或大或小的挫折，承受来自各个层面的心理压力。压力是一种客观存在，关键是如何应对压力，并使之消弭于无形。

一是寻找问题的根源。解铃还须系铃人。只有找出导致压力的源头，解决起来才能事半功倍。一般来说，压力由三种原因导致：第一种是学习方面压力，比如学习成绩不理想等；第二种是适应新环境压力，大学生学习与生活的环境不同于基础教育阶段所处的环境，有些学生无所适从，比如生活自理能力差等；第三种是横向攀比，尤其是身边那些原本各方面都不如自己的同学突然超过了自己，结果越想越痛苦。①

二是寻找适合的发泄渠道。当我们面对压力事件迟迟想不开时，要懂得如何去疏导。根据心理学研究，在面对压力时，不要寄希望于它们

---

① 周惠.EAP 在 A 公司压力管理中的应用研究［D］.桂林：桂林电子科技大学，2019.

## 第十八章 高效管理压力

自动消失，在想不开时也不要试图压抑自己的想法、情绪或欲望，那样只会起到相反的效果。这时，一般有三种做法可以缓解：第一种是设法与压力事件和平共处，在焦虑时可以花一两分钟去感受一下自己的身体，看看自己此时在想什么，有什么样的冲动，哪些地方会感觉到不适，然后专注于自己的呼吸，想象这些想法像浮云一样逐渐淡去，或者像大海里的浪花一样，虽然它很强大，但最终会碰上岩石，化成泡沫；第二种做法是转移注意力，将精力转移到自己感兴趣或更重要的事情上，那时正事都忙不过来，自然也就不在意这些鸡毛蒜皮的小事了；第三种是寻找出适合自己压力释放的渠道，据心理学家调查，最有效的解压方式包括倾诉、参加公益活动、锻炼或参加重体力活动、按摩、陪伴家人或朋友、散步、阅读、听音乐、冥想或练习瑜伽等。

三是培养乐观的情绪。一个人的心态，从根本上来说取决于他的格局。当一个人的境界提高了，格局大了，修养提升了，心胸自然就会豁达。"宰相肚里能撑船"，说的就是这个道理。当还没培养成"宰相肚"的时候，要知道人生不如意之事十之八九，得之我幸，失之我命。努力了，拼搏了，争取了，得失便是天意。是自己的谁也抢不走，不是自己的夺也夺不来。放下，才能看开；看开，才能走远。

四是有效借助催眠术。当愁思一时还解不开时，就容易影响到一个人的睡眠。失眠不仅会导致神经衰弱，还几乎与抑郁症等心理疾病相伴而生。据有关部门统计，中国人心理疾病的患病比例高达17%。[①] 因此，在压力无法消除的情况下，可以使用催眠术，毕竟良好的睡眠可以增强身心抵抗力。

## 【延伸阅读】

几位同学去拜访大学时的老师，老师问他们生活及工作怎么样，老师的这句话勾起了大家满腹的牢骚。

---

① http://www.sohu.com/a/320831089_100211101

他们彼此都说生活不如意，工作压力大，经营不顺利……

老师笑而不语，从房间里拿出许多杯子，有陶瓷的，有玻璃的，有塑料的，"你们要是渴了，自己倒水喝吧！"老师对他们这样说。

然后，学生们纷纷挑选了自己中意的杯子倒水喝。

等他们手里都端了一杯水的时候，老师开始讲话了。他指着桌子上剩下的杯子说，大家有没有发现你们挑选的杯子都是最好看的、最别致的，而像这些塑料杯就没有人选它。这就是你们苦恼的根源。大家需要的是水而不是杯子，但我们有意无意选用好的杯子，这就如我们的生活和工作，如果生活是水的话，那么工作、金钱、地位这些东西就是杯子，他们只是我们用来盛装生活之水的工具。杯子的好坏并不能影响水的质量。如果将心思花在杯子上，你哪有心思品尝水的苦或甜呢，这不是自寻烦恼吗？

看了这个故事你有怎样的感悟呢？我们总是要得很多，常常自寻烦恼。当你在工作及生活中感觉很累、压力很大时，要懂得适当放下手中的"杯子"，用心品尝"水"的味道。别让自己太累了，压力管理就是要懂得"放下"。放下压力，累与不累，都是一种心境！

# 第十九章 问题是用来解决的

**【章节解析】**

我们每天都要遇到各种各样的问题，一提到问题，人们自然而然地就会想到解决方法，可是往往不是这样的。

问题到底是什么意思呢？百度百科中的解释为现实（是什么）和理想（应该是什么）之间的相差结果，而且需要现在或将来采取行动。换句话说，问题就是需要研究讨论并加以解决的矛盾、疑难。泰戈尔说：世界上使社会变得伟大的人，正是那些有勇气在生活中尝试和解决人生新问题的人！

心理学家认为，提出问题是解决问题的先决条件，但仅仅满足于提出问题是不够的，提出问题的目的是有效解决问题。人生就是解决一系列问题的过程。问题能否有效解决受到一系列因素影响，包括已经掌握的知识、心智技能水平、动机和情绪、刺激呈现的模式、思维定式以及个性特点，等等。[1]

因此，问题解决（Problem Solving）的定义可以是，由一定的情景引起的，按照一定的目标，应用各种认知活动、技能等，经过一系列的思维操作，使问题得以解决的过程。

一般来说，问题的解决经过六个阶段：识别和诊断问题，寻找备选的解决方案，评价备选的解决方案，选择一种解决方案，执行决策，评价和管理。

众人拾柴火焰高，群体决策的力量往往大于个体，要为解决问题出力，就要和他人协作处理影响整个团队的问题。

---

[1] 莫雷. 教育心理学［M］. 北京：教育科学出版社，2007.

# 第十九章　问题是用来解决的

## 【学习目标】

1. 了解"直接而全面地面对问题并努力解决问题"有何好处。
2. 了解解决问题和制定决策的步骤。
3. 应用解决问题和制定决策的步骤。
4. 认识团队协作解决问题的方式。
5. 培养解决问题的技能。

## 【案例分享】

### 案例一

大禹治水是著名的传说。他的父亲鲧治水，采取的方式是堵，结果这边堵了，那边决堤，那边堵了，这边决堤，鲧没有办法，治不了水，最后被舜给杀掉了。后来舜任命他的儿子禹接着治水，禹就采取疏导的方式，结果把水患制服。

鲧和禹都在治水，都在解决问题，但是好坏已见分晓。解决问题的根本就是先直面问题，界定问题。

以鲧的界定，他只是堵住洪水，错误地界定在这点上。而现在的界定是控制洪水，只要把洪水给控制了，不管是堵也好，疏通也好，都可以。所以，很多问题要找到根上原因，这样才可以把问题界定好，只有界定得好，才可以去解决它。

### 案例二

在美国底特律的汽车行业，有一个出色的主管，他十分热爱自己的工作，能力也不错，但有一个问题，就是与上级的关系处理得不好，最后闹得不可开交。他没有办法，决定跳槽，离开那个上司。于是他就把自己的资料送到猎头公司，请他们为自己另找工作。

这个主管回家对太太颇有信心说："应该会找到新工作的。"恰好他的太太正在学思维课程，觉得她老公对这个问题的界定不太正确，就说："不！解决这个问题的根本，只是你与他分开。既然是只要你与他分开就可以，那么，不一定是你走，让他走也行。"

于是，他们将解决问题的方式颠倒过来，他们又为丈夫的上司准备了一套资料，送到猎头公司。过了不久，上司接到一个电话，请他去别家公司高就。想不到，上司也厌倦了他目前的工作，而且新工作待遇更好，考虑一下后，就欣然接受了这份新的工作。

上司很好奇，就问猎头公司的人："你们怎么知道我的啊？"再一问，原来是自己的下属为自己找到这么好的机遇。

上司想，自己走后，位置就空下来了，以前跟这个下属关系不好，他却为自己找到一份更好的工作，心里也过意不去，这个人能力也不错，就向高层推荐了他。

于是，这个主管既没有离开原来的公司，反而还升职了！当然这要感激他太太的问题界定了。

像上面这个例子，问题的关键是主管和上司有矛盾，他们要分开，所以问题落实在"分"上，不一定他走，上司走也是分啊。

所以说，正确地解决问题，建立在对问题的正确界定基础上。很多时候，我们还没有把问题界定清楚，就开始行动了，结果发现好像解决了问题，但其实问题依然存在。

要界定问题，就要回到问题的根本。

【实践运用】

1. 讨论发言

（1）解决问题的哪一步比较难？哪一步比较简单？

（2）和你独自使用这些步骤比起来，团队使用这些步骤是否更难或者更轻松？为什么？

（3）使用解决问题的步骤如何帮助团队更有效地协作？

## 第十九章　问题是用来解决的

### 2. 情境再现

表演场景：三个青年注意到，社区的公园看上去没人照料，地面脏乱，杂草横生。他们认为这是因为市政没有足够的资金用于公园保洁，于是想要找出一个解决方案。

要求：请同学们分成两组进行情境演练，先在六分钟内完成解决问题程序的第一步到第三步。六分钟后叫停，请同学们分享他们对问题的阐述，并看看其他小组是否有不同的阐述。选择一个阐述，请同学们分享可能的解决方案。接下来给同学们三分钟，选择一个愿意去尝试的想法，并分享最后选择的原因。

### 3. 思考题

（1）请同学们列出两个或三个亲身经历的问题情境。

（2）请同学们思考按照解决问题程序，你会如何去解决你正在经历的问题。

## 【总结分析】

### 1. 认识问题并努力解决问题，是使个人与团队进步的必要途径之一

认识问题是思维积极主动性的表现，在促进心理发展上具有重要意义。陶行知说过，创造始于问题，有了问题才会思考，有了思考才有解决问题的方法，才有找到独立思路的可能。

对问题进行良好的界定，可以说是问题已经解决了一大半，因为界定问题就是正确地确定解决问题的目标。找到了目标才能有效地解决问题。

### 2. 解决问题和制定决策的六步骤

第一步，识别和诊断问题。我们生活的世界处处时时都存在着各种各样的矛盾，当某些矛盾反映到意识中时，个体才发现它是个问题，并要求设法解决它。这就是发现问题的阶段。从问题解决的阶段性看，这是第一阶段，是解决问题的前提。

第二步，寻找备选的解决方案。在分析问题的基础上，提出解决该

问题的假设，即可采用的解决方案，其中包括采取什么原则和具体的途径、方法。所有这些往往不是简单现成的，有多种多样的可能。提出假设是问题解决的关键阶段，正确的假设可以引导问题顺利得到解决，不正确、不恰当的假设则使问题的解决走弯路或导向歧途。

第三步，评价备选的解决方案。寻找备选方案只是提出一种可能的解决方案，还不能保证问题必定获得解决。要通过群体仔细地审视每一个想法，才能选出最好的解决方案。

第四步，选择一种解决方案。在评价完各项想法后，确定一个最佳的方案来解决问题。

第五步，执行决策。制订计划，确定如何将想法付诸行动，否则就不能解决问题。

第六步，评价和管理。所有问题解决的最后一步是对假设进行检验。一般是通过实践检验，即按假定方案实施，如果成功就证明假设正确，同时问题得到解决，如果不成功，就需要改变方案。

### 3. 团队协助决策更能有效地解决问题

由于群体是一种智慧组合，群体决策的质量更高，群体成员可以相互评价各自的想法，可以避免重大错误，可以得到更有创造性的问题解决方案，并且群体决策有助于获得认可和允诺。

### 4. 团队决策的方式

有达成共识、投票选择多数人赞成的方式，或者由负责人做最后的决定。

## 【延伸阅读】

通用汽车公司黑海汽车制造厂总裁收到一封关于汽车的抱怨信："这是第二次给你写信，我不会怪你没有答复我提出的问题，因为这个问题实在是太荒诞，但它的确是事实。我家一向有晚餐后吃冰激凌的传统。因为有很多种冰激凌，故全家举手表决吃哪一种，然后，我就开车去商店购买。最近我买了一辆新的黑海牌车，从此以后，去商店就出现了一

## 第十九章 问题是用来解决的

个问题。你知道,每次我从商店买完香子兰冰激凌回家,汽车就起动不了。但我买其他种类的冰激凌,车起动得很好。无论这个问题有多愚蠢,我还是想让你知道。我对这个问题非常关注:是什么使得我买香子兰冰激凌时,汽车起动不了,而买其他冰激凌,车就容易起动。"

黑海厂总裁对这封信感到迷惑不解,但还是派了一个工程师去查看。使工程师惊讶的是,在一个整洁的居民区,一个受过良好教育、修养很好的男子接待了他。这位男子安排这位工程师在晚饭后开始工作。晚上他们跳上汽车去冰激凌店,也是买香子兰冰激凌,返回时,车起动不了。

工程师又连续去了三个晚上。第一个晚上,车主买的巧克力冰激凌,车起动了;第二个晚上,买的草莓冰激凌,车也能起动;第三个晚上,买的香子兰冰激凌,车起动不了。

工程师绝不相信这部车对香子兰冰激凌过敏,于是他加倍工作以求解决问题。每次他都作记录,写下各种数据,包括日期、所用的汽油类型、汽车往返的时间等。

在这几天里,他发现了点线索:车主买香子兰冰激凌所花的时间比买其他冰激凌所花的时间短。这是为什么呢?答案就在冰激凌店的货架上。香子兰冰激凌很受欢迎,故分箱摆在货架前面,很容易取到。而其他冰激凌都摆在货架后面的分格里,这就需要花较长的时间去找,然后顾客才能拿到。

因而问题就变成了:为什么车停很短时间,就起动不了呢?工程师进一步找到了问题的答案,即不是因为香子兰冰激凌而是因为汽锁使汽车起动不了。每天晚上买其他冰激凌需要额外一段时间,而这段时间可使汽车充分地冷却以便起动。而当车主买完香子兰冰激凌时,汽车引擎还很热,所产生的汽锁耗散不掉,因而汽车起动不了。

原因找到了,解决这个问题该不会太难吧?

# 第二十章 解决冲突

## 【章节解析】

对于生活在集体中的人来说,冲突可以说是不可避免的。人不可能孤立地活着,参与社会生活就必须与社会上的其他人进行接触,而人又都是有独立思想的,当接触交流的双方沟通不善、组织结构设计不良、个人价值观不同时,往往就会发生冲突。

因此,冲突在组织、群体里客观存在。冲突形成的原因是多样的。

正确认识冲突,了解冲突产生的原因并且找出解决冲突的对策在交流的行为主体之间是特别重要的。

## 【学习目标】

1. 正确认识冲突。
2. 了解冲突产生的原因。
3. 了解冲突处理的常用方式。
4. 培养解决冲突的智慧。

## 【案例分享】

### 案例一

公交车上常上演这一幕情景:公交司机指认某乘客没有投币或刷卡,该乘客坚持自己已投币或刷卡,二人争执不下,甚至司机将车子停在路边,所有的乘客都很着急。此时,若另外一位乘客再投一次币或刷一次卡,即可化解冲突。很多时候,若一味地坚持对与错,失去的会更多。

## 案例二

2012年，某科技工业园内发生冲突事件，引发了业界和舆论的广泛关注。事件起因为某公司部分员工和园区保安等在宿舍区发生冲突，事件中共有40人受伤并入院救治，均为男性，其中有3名重伤患者。

此次事件背后的法律关系并不复杂，而背后暴露的管理问题可能更值得关注，即目前某公司数万人的规模以及半军事化的管理模式，可能并不太适合现代社会。

【实践运用】

1. 讨论发言

（1）如果利用课堂所学解决冲突"四步骤"的程序，会对自己产生什么样积极的影响？

（2）你觉得在解决冲突中哪一步最简单？哪一步最难？

2. 情境再现

表演场景：

甲是班里的优等生，老师很喜欢并信任甲，甲的一位关系很好的同学上次数学考试不及格，不敢告诉家长，可是老师要求家长在卷子上签字，他来请求甲模仿他父亲的笔迹帮他签名，甲内心很挣扎，既不想欺骗老师又怕拒绝同学而破坏两人的友谊。

乙的父母很关注他的学习成绩，对乙要求很严格，但乙学习上很吃力，这次数学考试不及格。本想暗下决心努力，这次考试的事情先不告诉父母，但是老师要求家长在卷子上签字，只好找一位关系要好的同学伪造签名。乙担心如果让父亲看到考试成绩，父亲会责骂，不愿意让父母生气。

要求：班级学生按两两一对分组，每对同学使用解决冲突的四步程序。每对同学达成一致解决方案后，请每对同学和另外一对同学组成四人小组，比较各自解决的方式。最后组对表演解决方案。要确保选择的这对同学能够正确示范四个步骤。示范后请同学们讨论哪一步最简单？你和你的同伴解决冲突的方式和你们四人小组里的另外一对同学解决冲突的方式有何异同？

3. 思考题

（1）请同学们列出两个或三个曾经经历的冲突情境？

（2）请同学们按照解决冲突的程序，思考如何去解决曾经经历的冲突。

【总结分析】

1. 正确认识冲突。
2. 了解冲突产生的原因。
3. 了解冲突处理的常用方式。
4. 正确认识冲突

虽然有关冲突的定义很多，但大多数的界定包括了一些共同的主题：冲突是一个过程，这种过程始于一方感受到另一方对自己关心的事情产生消极影响或将要产生消极影响。

冲突包含两个必要因素：一是被双方感知；二是存在意见的对立或不一致，并带有某种相互作用。以上因素决定了冲突的定义，表述了该行为从相互作用变成相互冲突所进行的各种活动。

冲突具有以下几个特点。① 普遍性。冲突是普遍的现象，它可能发生于人与人之间，人与群体之间，群体内部的人与人之间，群体与群体之间等。② 多样性。冲突形成的起因是多样的。③ 相互性。冲突是双方意见的对立或不一致，以及有一定程度的相互作用，它有各种各样的表现形式，如暴力、破坏、无理取闹、争吵等。

5. 冲突产生的原因

根据起因的不同可以将冲突分为三类。① 目标性冲突，即双方具有不同的目标导向而发生的冲突。② 认识性冲突，即不同群体或个人在对待某些问题上由于认识、看法、观念之间的差异而引发的冲突。③ 感情性冲突，即由情绪与情感上的差异所引发的冲突。

### 6. 解决冲突的四步法

第一步，对冲突情况达成一致的阐述。

第二步，列出可能的解决方案。

第三步，讨论可能的解决方案，以及成功概率。

第四步，选择一个照顾到每一个人感受的方案。

### 7. 良好地解决冲突是一种智慧

没有人喜欢冲突，但有人的地方就有冲突。值得说明的是，冲突不全是坏事，它能暴露组织中存在的问题，促进问题的公开讨论，增强企业活力，刺激良性竞争。

孔子曰："君子和而不同，小人同而不和。"

冲突只是发展、变化或创新带来的副产物。出现冲突并不可怕，关键如何有效化解。办法总比问题多，任何冲突都有解决方案。当冲突出现时，如何化冲突为共赢、化干戈为玉帛？

关键是基于立场（对与错）还是基于利益（得与失）的处理方式，即竞争还是共赢的问题。如果要竞争，易导致冲突升级。基于利益的冲突处理迫使人们走向双赢的策略，思考我需要的是什么、他需要的是什么，如何实现你好、我好、大家好。这就需要拿出诚意，用同理心，采取适度的坚持，并妥善处理自己的负面情绪。

在处理方式上，要冷静公正、不偏不倚，充分听取双方意见。处理时要建立共同的目标，并要有严密的规章制度。在技巧上要晓以大义，交换双方的立场，创造轻松的气氛，同时注意冷却降温的妙用，最后要给双方台阶可下。切忌过度理性，对负面情绪视而不见，认为处理冲突应对人不对事；更不能认为处理冲突是一方的责任，只有对方需要改变；也不能等对方先行动才表达自己的善意。

总的来说，处理冲突的对策要注重两个方面：沟通和谈判。

（1）沟通。进行有效沟通需要做到：明确沟通的目的，掌握好沟通的时间，明确沟通的对象，掌握沟通的方法。

（2）谈判。通过谈判试图对冲突双方之间的需求达成协议，主要是试图使对手同意自己的具体目标或尽可能接近目标，或者谈判双方可以得到双赢的结果。

【延伸阅读】

**解决冲突关键在于转变思维方式**

在我们印象中，冲突是个贬义词。我们几乎把冲突等同于争斗，等同于敌对，这样的思维模式不知道导致了多少悲剧。从公司内部的争吵，到家庭内部的不和谐，冲突随处可见。但冲突并不可怕，可怕的是不懂得如何正确地面对和解决冲突。事实上，在很多情况下，冲突更多的是人的认知，而不是冲突本身。

错误一：冲突中人们关注更多的是自己的感受，而不是问题本身。

多年前，克莱斯勒与其经销商的关系非常不好，双方每次的谈话与来往信件都使用侮辱性词句。那时克莱斯勒已濒临破产，所以如何与经销商精诚合作是一个关键的问题。于是，克莱斯勒干脆地为互相攻击画了个句号，一面向经销商介绍一系列的改革举措，一面和他们心平气和地交换意见，协商合作方案。

结果，这成了合作的良好开端，并促使广大的经销商去调动各种资源，四方游说，协助克莱斯勒赢得了向国会申请贷款担保的艰难谈判。

错误二：冲突中人们关注更多的是说服对方接受自己的标准，而不是客观的标准。

一次国际性海洋会议中，印度想对在深海海床采矿公司的每个采矿点征收6 000万美元的开发费。美国则不希望这样。双方僵持不下，谈判变成了一场意志的较量。美国谈判团中有个科学家，他冷静计算了一下双方的利益，发现征收一定的开发费在经济上是合理的，在这样的事实与数据面前，双方一致达成协议。

错误三：冲突中人们关注更多的是彼此的观念或立场，而不是客观的双方利益。

20世纪90年代初,在止汗产品是否需要使用纸盒做外包装的问题上,争议很大。生产商认为这样美观大方,而零售商则认为这与使用体验无关、多此一举。谈判时,双方各执己见,每一方都认为自己是对的,在对错上纠缠起来。这时零售商的代表沃尔玛经过核算提出,设计、生产纸盒等花费很大,如果取消纸盒包装,可以大量压缩成本,成本下降了,还可以降价促销,增加销量,这样每年至少可以带来500万美元的利润。在利润的吸引下,双方达成一致。

错误四:冲突中人们关注更多的是意见的对错,而不是解决问题的方案。

美国的金宝汤公司曾看中了一家极具前景的餐馆,想收购并实施连锁化经营。金宝汤虽不断提高报价,但是每一次都被餐馆老板一口回绝,谈判陷入了僵局。在将要放弃的时候,谈判人员从一个试探性的询问中得知,卖掉餐馆在老板看来,就像卖掉自己的孩子一样,感情上无法接受。于是,谈判人员提出了一个方案,即金宝汤购买80%的股票,餐馆老板继续持有20%,并继续做合资公司的董事长。结果餐馆老板同意了方案,交易很快达成了。

解决冲突背后是我们每个人对自己思维方式的突破,你突破了多少,解决问题的能力就提升了多少。

### 解决冲突的小技巧

1. 忍住攻击的冲动,发自内心地去改变对话。
2. 弄明白当下情况,而不是追究对错。
3. 承认冲突,找到谈话对象,面对真正的问题。
4. 相信还有其他选择,寻找大家都乐于接受的解决方案。

# 第二十一章　成为一名优秀员工

## 【章节解析】

课本定义变为技术标准，完成作业变为跟进项目，即将毕业的大学生接下来会离开学校，步入职场，在这个过程中我们要适应社会角色的转换，适应周围环境的转变，适应人际关系的改变。一系列的变化，就像一次次的测验，大多数人可以通过并成为他人眼中的合格员工，少数人会在人群中表现突出，成为优秀员工，优秀员工代表着领导的认可、更多的培训和升职加薪机会。一名优秀的员工具备什么样的特质，如何成为一名优秀员工，是本章节探讨的重点。

优秀员工是指员工具备企业大局观和奉献精神，具有胜任岗位职责的工作能力及相关素质，工作中能够保持热情和良好的工作习惯，耐心细致地履行岗位职责，认真负责地完成工作任务。

## 【学习目标】

1. 认识优秀员工一般具备哪些关键特质。
2. 分析为什么有的人不具备这些特质。
3. 理解如果没有这些特质，会对其他员工以及企业的生产管理产生什么样的影响。
4. 思考如何成为一名优秀员工。

## 【案例分享】

### 案例一

美国新奥尔良市的考克斯有线电视公司有一位年轻的工程师，名叫布莱恩·克莱门斯,他的工作地点在郊区。

有一天早上,克莱门斯到一家器材行去购买木料。正当他等待切割木料的时候,无意中听到有人抱怨考克斯公司服务差。那个人越说越起劲,结果有八九个店员围过来听他讲。

布莱恩当时有好几种选择。其实他正在休假,自己还有其他事要做,老婆又在等他回家。他大可以置若罔闻,只管自己的事。可是布莱恩却走上前去说道:"先生,很抱歉,我听到了你对这些人说的话。我在考克斯公司工作,你愿不愿意给我一个机会改善这个状况?我向你保证,我们公司一定可以解决你的问题。"

那些人脸上的表情都非常惊讶。布莱恩当时并没有穿公司的制服,他走到公用电话旁,打了个电话回公司,公司立即派出修理人员到那位顾客家中,把问题解决直到顾客满意为止。后来,布莱恩还多做了一步。他回去上班后,打了个电话给那位顾客,确定他对一切都满意后,还为顾客延长了两个礼拜的试用期,并且为给他造成的不便致歉。

布莱恩这种站在公司立场的行为受到了公司负责人葛培特的高度赞扬。葛培特号召公司全体员工向布莱恩学习。

### 案例二

美国一位名叫法兰克·派特的棒球运动员,刚转入职业棒球队不久,就遭到有生以来最大的打击——他被淘汰了。因为他的动作迟缓,缺少杀伤力,因此,球队经理劝他离开。经理对他说:"你这副有气无力的样子,哪像是在球场打了20年的人?法兰克,离开这里之后,无论你到哪里做任何事,若不提起精神来,你将永远不会有出路。"

法兰克被辞退后,一位名叫丁尼·密亨的老队员把他介绍到新凡球队。在那里,法兰克的月薪只有25美元,而过去他的月薪是175美元。不过,法兰克并不气馁,他决心在新凡球队实现人生转变。在那个地方,没有人知道他过去的情形,法兰克默默发誓要成为新凡最具热忱的球员。为了实现这个愿望,他果断采取了行动。

法兰克第一次上场,就好像全身带电一样,他强力投出高速球,使

· 165 ·

接球的人双手都麻木了。有一次，法兰克以极强的气势冲入三垒，那位三垒手吓呆了，结果球被漏接，法兰克盗垒成功。当时气温高达39℃，法兰克在球场奔来跑去，汗流浃背，但他挺住了。

这种热忱所带来的结果，令人吃惊。第二天早晨，媒体报道说：那位新加入的球员法兰克，像是一个霹雳手，全队的人受到他的影响，都充满了活力。他们不但赢了，而且是本季最精彩的一场赢球。

由于热忱的态度，法兰克的月薪由原来的25美元提高到185美元。在往后两年里，法兰克一直担任三垒手，月薪最终加到750美元。为什么呢？法兰克自己说："因为我拥有了热忱，没有别的原因。"

后来，法兰克的手臂受了伤，不得不放弃打棒球。他来到菲特列人寿保险公司当保险员。整整一年多，他没有取得任何成绩，因此很苦闷。后来，一个朋友对他说："为什么不像打棒球那样做保险？"

一句话让法兰克如梦初醒，他将在新凡球队打球的精神发挥出来，满腔热情地投入工作，于是，一切又发生了改变。

再后来，法兰克成了人寿保险界的明星。不但有人请他撰稿，还有人请他演讲，介绍自己的经验。法兰克说："我从事推销已经15年了，我见到许多人，由于对工作抱着热忱的态度，他们的收入成倍增加；我也见到另一些人，由于缺乏热忱而走投无路。我深信，唯有热忱的态度，才是成功最重要的因素。"

**案例三**

兰姆布林是美国一家计算机公司的总裁，那是冬季的一天，他在会议室召开会议，突然供暖系统出了故障，室温很低，大家都想赶紧发言早点离开，于是会议在10分钟内成功开完。兰姆布林把这个问题与另一问题——怎样提高工作效率联系了起来，他以此事为原型，找到了一种提高自己员工效率的极好办法。当部门负责人必须做出重要决定时，他会请他们到一间大小为63平方米的特殊冷气室里开会，那里的气温在零度以下。这些负责人穿着普通衣服坐在冰室里，可想而知，谁也不会把时间浪费在说废话上，解决一些重要问题仅需10~15分钟。因为有了这间冰冷的办公室，公司利润增长了 3 倍。

【实践运用】

1. 讨论发言

（1）你刚面试得到一份工作，同事就跟你抱怨这份工作任务多、工资待遇低，同事打算辞职，你该怎么办？

（2）你是一个足球迷，世界杯期间你熬夜看球导致睡眠不足，白天上班迟到，工作打不起精神，耽误了工作还被领导批评，你该怎么办？

（3）你刚准备工作的时候，同事请你吃零食，并邀请你和他/她一起浏览网页，你该怎么做？

（4）你在工作中出现失误，给公司造成了一定的损失，你该怎么办？

（5）你的工作是整个项目中的一个环节，领导要求你作为项目代表，汇报阶段性工作情况，你该怎么办？

（6）假设你是一家上市公司的部门经理，你觉得什么样的员工应该得到重用和提拔？

2. 情境再现

表演场景：小林刚刚毕业，在一家公司谋得一份助理的工作，小林的领导赵总要求小林向优秀员工学习，尽快适应工作节奏，认真工作，早日度过实习期。同事小李却劝说小林不要把赵总的话放在心上，完成实习期很容易，只要不犯大错误，没给公司造成经济损失，混混就过去了。

要求：请同学们分成两组进行情境演练，一组按照赵总的要求，努力开展工作；另一组听取小李的意见，随便应付，混过实习期。通过两种不同情境的表演，大家体会两种不同的工作态度和工作表现，分别会导致怎样的结果，在实际工作中采取哪种做法才是合适的？

3. 思考题

（1）企业为什么需要优秀员工？如果你是一名优秀员工，对企业和其他员工会产生哪些影响？

(2) 优秀员工应该具备哪些关键特质？

(3) 优秀员工所具备的关键特质，对你而言有哪些是很难做到的？你又将怎样去解决这个问题呢？

## 【总结分析】

### 1. 优秀员工具备的几个关键特质

(1) 站在领导角度看问题，维护公司利益。一个人所处的位置不同，看待问题的视角也不一样。同样是完成工作任务，优秀员工区别于普通员工只是按照指示闷声做事的态度，他们会站在领导的角度看待问题，会思考怎样才能更好地维护公司的利益，会适时给出恰当的建议，态度更加积极，行动更加迅速。优秀员工的想法和做法有利于公司取得更多的利益，容易得到领导的赏识，从而获得比较高的薪资待遇和上升空间。

(2) 培养时间观念，专心投入工作。每天早晨考勤之后，是边吃早餐边和同事聊天，等到别人催促才开始工作，还是尽快回到工位开始一天的工作呢？不同的工作状态，导致不同的工作效率。企业要求员工在工作的时间做合适的事情。优秀员工会根据自己的时间安排，合理制订工作计划，摒弃杂念，及时进入状态。专注投入的工作状态，能够提高工作的效率。同样的工作时间，优秀员工能够处理更多的工作事务，创造更多的企业价值。

(3) 遵守企业规章，承担岗位职责。"国有国法，家有家规"。一家企业，不管是几个人的创业公司还是规模很大的企业集团，都会制定相应的规章制度及工作流程，用以管理员工和维护日常运营。遵守企业的规章制度是企业员工的基本素养，在此基础之上，员工才能更加快速地了解工作流程，熟悉工作内容。优秀员工深知这一点，他们认真执行企业的各项规章制度，认真完成本岗位所要求完成的各项工作内容，并主动分析、判断和独立解决问题，承担相应的工作责任。

(4) 具备沟通能力和团队协作意识。"单丝不成线，独木难成林"。企业的组织架构决定了部门间的隶属关系、领导和员工的上下级关系、员工和员工的合作竞争关系。一名员工即使再厉害，也不能同时胜任企业里的所有岗位，完成所有的工作任务。有效的沟通和良好的团队协作可以凝聚员工的创造力，形成优势互补，提高分析问题、解决问题的能力，从而实现1+1>2的企业价值。优秀员工大多善于倾听，乐于表达，尊重权威，信任队友，敢于担当，在团队工作中游刃有余。

### 2. 企业需要优秀员工

员工需要薪资，企业追求利益。员工的发展需要企业的土壤，企业的发展也需要员工的奉献。普通员工和优秀员工在工作态度和工作能力上的差别，决定了两者为企业创造价值的差异。优秀员工是企业发展的助推器，是企业家看重的宝贵财富。小企业需要优秀员工创造价值才能生存，大型企业更是奉行精英主义，如华为、阿里巴巴、谷歌等。优秀员工占大多数的情况是精明的企业家乐于见到的，企业培育奋斗的土壤，优秀员工营造积极的环境，高明者激流勇进，平庸者知难而退。

### 3. 怎样做才能成为一名优秀员工

毕业在即，即将就业的我们怎样做才能成为一名优秀员工呢？在这里，建议大家即使披上社会的外壳仍然保持学术的心态。初出茅庐的我们应当珍惜自己的工作机会，乐业、敬业、主动、负责，向优秀员工学习，比照他们做高价值员工。在轻车熟路的时候，依然要虚心勤学、积极奋进，用优秀的品质影响其他员工，早日成为企业的中坚力量。

## 【延伸阅读】

张三和李四同时受雇于一家店铺，拿同样的薪水。一段时间后，张三青云直上，李四却原地踏步。李四想不通，老板为何厚此薄彼？

老板于是说："李四，你现在到集市上去一下，看看今天早上有卖土豆的吗？"一会儿，李四回来汇报："只有一个农民拉了一车土豆在卖。"

"有多少？"老板又问。

李四没有问过，于是赶紧又跑到集上，然后回来告诉老板："一共40袋土豆。"

"价格呢?"

"您没有叫我打听价格。"李四委屈地申明。

老板又把张三叫来:"张三,你现在到集市上去一下,看看今天早上有卖土豆的吗?"

张三也很快就从集市上回来了,他一口气向老板汇报说:"今天集市上只有一个农民卖土豆,一共40袋,价格是两毛五分钱一斤。我看了一下,这些土豆的质量不错,价格也便宜,于是顺便带回来一个让您看看。"

张三边说边从提包里拿出土豆,"我想,这么便宜的土豆一定可以挣钱,根据我们以往的销量,40袋土豆在一个星期左右就可以全部卖掉。而且,咱们全部买下还可以再适当优惠。所以,我把那个农民也带来了,他现在正在外面等您回话呢……"

# 第二十二章 遵守企业规章制度

## 【章节解析】

部门间怎样合作,产品怎样生产,问题怎样汇报?刚开始工作时,你会有各种各样的疑问。别急,企业有各种相关条款细则供所有员工学习,这些被称为"规章制度"的文件或流程一定会解答你的所有疑问。企业的规章制度是员工守则、员工行为规范和员工管理制度的总和。

企业规章制度是指劳动者在日常工作中必须遵守的、企业在管理过程中总结出来的劳动行为规范的总和。

## 【学习目标】

1. 理解企业规章制度,思考企业为什么要制定规章制度。
2. 认识企业规章制度包含哪些重要因素,有什么具体行为与之相对应。
3. 思考遵守企业规章制度会有哪些好处。
4. 思考怎样遵守企业规章制度。

## 【案例分享】

### 案例一

18世纪末期,英国政府决定把犯了罪的英国人统统发配到澳大利亚去。一些私人船主承包从英国往澳大利亚大规模地运送犯人的工作。英国政府实行的办法是以上船的犯人数支付船主费用。

当时,那些运送犯人的船只大多是一些很破旧的货船改装的,船上设备简陋,没有什么医疗药品,更没有医生,船主为了牟取暴利,尽可能地多装人,船上条件十分恶劣。一旦船只离开了岸,船主按人数拿到了政府的钱,对于这些人能否远涉重洋活着到达澳大利亚就不管不问了。

有些船主为了降低费用,甚至故意断水断食。三年以后,英国政府发现:运往澳大利亚的犯人在船上的死亡率达12%,其中最严重的一艘船上424个犯人死了158个,死亡率高达37%。英国政府付了大笔资金,却没能达到大批移民的目的。

英国政府想了很多办法。每一艘船上都派一名政府官员监督,再派一名医生负责犯人的医疗卫生,同时对犯人在船上的生活标准做了硬性的规定。但是,死亡率不仅没有降下来,有的船上的监督官员和医生竟然也不明不白地死了。原来一些船主为了暴利,贿赂监督官和医生,如果他们不同流合污就被扔到大海里喂鱼。

政府又采取新办法,把船主都召集起来进行教育培训,教育他们要珍惜生命,要理解去澳大利亚开发是为了英国的长远大计,不要把金钱看得比生命还重要。但是情况依然没有好转,死亡率一直居高不下。

一位英国议员认为是那些私人船主钻了制度的空子。而制度的缺陷在于政府给予船主报酬是以上船人数来计算的。他提出从改变制度开始:政府以到澳大利亚上岸的人数为准计算报酬,不论你在英国装多少人,到了澳大利亚上岸的时候再清点人数支付报酬。

问题迎刃而解。船主主动请医生跟船,在船上准备药品,改善生活,尽可能地让每一个上船的人都健康地到达澳大利亚。

自从实行上岸计数的办法以后,船上的死亡率降到了1%以下。有些运载几百人的船只经过几个月的航行,竟然没有一个人死亡。

## 案例二

一个在日本的中国留学生,课余为日本餐馆洗盘子以赚取学费。日本的餐饮业有一个不成文的行规,即餐馆的盘子必须用水洗上七遍。洗盘子的工作是按件计酬的,这位留学生计上心头,洗盘子时少洗一两遍,果然劳动效率大大提高,工钱自然也迅速增加。一起洗盘子的日本学生向他请教技巧。他毫不避讳,说:"你看,洗了七遍的盘子和洗了五遍的有什么区别吗？"

餐馆老板用专用的试纸测出盘子清洗程度不够，对他说："你是一个不诚实的人，请你离开。"为了生计，他又到另一家餐馆应聘洗盘子。这位老板打量了他说："你就是那位只洗五遍盘子的中国留学生吧。对不起，我们不需要！"

第二家、第三家……他屡屡碰壁。他痛心疾首地说："在日本洗盘子，一定要洗七遍呀！"

不讲规章，势必要付出代价。

### 案例三

在德国，一个人开车去赴会，发现附近停车位都满了。他找了半天，终于看到一个停车位，于是就把车开进去。但还没停稳，他又倒出来了，因为那个车位前有个牌，"这个车位只允许接送孩子的家长停车"，因为车位在一所学校附近。他并不是接送学生的家长，于是果断倒车出来，又继续寻找车位了。

在德国，信号灯出了故障，红灯一直亮着，时间明显超时，等候的人群开始表现出焦急、困惑的神情，但并没有人置红灯于不顾穿过马路，而是仍然原地等候。

德国铁路有一种周末票：共40欧元，可以通行整个德国，最多五个人。一个人可以，五个人也可以。在德国的火车站，看不到人去寻找其他的乘客凑成五个人，来共同承担这张车票。

中国工程师跟德国的项目经理交流：你们这么大的工程项目，施工周期又这么长，请问你们今年的安全指标是多少？意思是问他们安全事故控制在死多少人以内。德国人回答说：我们项目的安全指标是，一定要避免一线工人的皮肤擦伤。

在德国柏林街头，因手机的普及而废弃的电话亭被改装成了微型的共享图书馆，人们可以免费拿走一本书，然后放进一本自己的二手书。电话亭没有锁，也不用扫码，你只拿书不放书也没人管。

## 第二十二章　遵守企业规章制度

**【实践运用】**

*1. 讨论发言*

（1）某个工作日的早晨，你患严重感冒需要去医院，可是和小李合作的项目今天需要跟领导汇报，你该怎么办？

（2）你在工作中接到家里电话，家里有紧急事情需要你立即回家。你的家在外市，来回需要两天，遇到这种情况你该怎么办？

（3）你在工作过程中发现，一批500件的产品出现了瑕疵，根据经验，有可能是负责上一个生产环节的同事造成的，遇到这个问题你该怎么办？

*2. 情境再现*

**表演场景**：你所在的公司是一家规模比较大的、拥有完善规章制度的生产型企业。企业要求员工除八小时工作外，在工作需要并且领导批准的情况下才可以提报加班，根据系统填报加班时间结算加班费。该公司同时实行八小时工作制和责任工作制两种考勤方式，而你恰巧属于责任制员工，上下班不需要考勤打卡。

**要求**：请同学们分成两组进行情境演练，一组严格遵守企业规章制度，按照实际加班时间申请加班费；另一组虚报加班时间，骗取超额的加班费。通过两种不同情境的表演，请大家思考不同的选择会产生什么样的结果，如果是你，你又会怎么选择？

*3. 思考题*

（1）你认为遵守规章制度对企业和个人的发展有哪些影响？

（2）你认为员工有遵守规章制度的必要吗？

（3）试分析为什么会有人不愿意遵守规章制度？不遵守规章制度会对自己和他人带来什么后果？

**【总结分析】**

*1. 企业规章制度*

企业规章制度是员工守则、员工行为规范和员工管理制度的总和，包括考勤管理制度、薪酬管理制度、安全生产管理制度以及企业各部门根据实际情况制定的专门的管理制度。

（1）考勤管理制度。员工为完成岗位任务，在企业提供的特定场所内开展工作，员工的实际工作时间是衡量员工工作量的重要标准。考勤管理制度是所有企业规章制度中最根本、最直接的制度，它规范了员工的工作时间，保证了员工工作效率。考勤的内容包括员工的出勤时间、休假时间、加班时间等内容。员工的工作时长受法律保护，享受法律规定的节假日，休假和加班都必须按照制度规定的内容执行。

（2）薪酬管理制度。劳动者依法享有获得劳动报酬的权利。基于薪酬管理制度，员工在与企业签订的劳动合同中约定了获取薪酬的方式、提供服务的时限、获得薪资的数量等内容。薪酬管理制度包含了薪酬等级、薪资计算、薪金发放等内容，其中个人收入保密是企业员工普遍遵循的原则。

（3）安全生产管理制度。企业生产中涉及水、电、机器、化工原料等，这些因素可能会给员工的健康带来隐患。企业有义务为员工营造良好有序的工作环境，员工有必要在工作中遵守相关制度以保障自身安全。安全生产管理制度是企业为了保障员工安全生产而制定的，遵守安全生产管理制度，既保护了员工安全又提高了生产效率。

### 2. 遵守规章制度的重要性

企业规章制度是经过长期实践后，大家共同约定形成的办事规章和行为准则，在一定的环境和一定的条件下，是最迅速、最高效的工作方法的整合。以有序化的规章制度来约束员工的行为，确定工作要求、薪酬标准、考核方法，既降低了企业的运营成本，也保障了企业和员工双方的利益，体现了相对公平。

制度面前人人平等，无论职级高低，企业里每一位员工都必须严格遵守规章制度。规章制度有利于我们了解企业文化，了解员工权利和义务，迅速适应环境，积极开展工作，提升职业素养。

## 第二十二章　遵守企业规章制度

**【延伸阅读】**

那是一个风雨交加的日子，强台风即将到来，一个著名的女歌唱家，驾驶着自己的轿车到超市购买东西。驾驶技术本来不好的她，由于急着回家，不小心连续违反了好几次交通规则。

交警认出她的身份，于是没给她开罚单，而是笑笑放她走了。

回到家后，她庆幸不已，因为在这个台风肆虐的日子里，她因为急着回家而数次违反交通规则，却得到了警察的理解，居然对她网开一面。但媒体记者却没有在这个风雨交加的日子里，如同警察一般放她一马。

很快，她违反交通规则的新闻成了娱乐报纸的头条，有记者甚至为她罗列出历年台风袭击时因违章驾车而导致的种种惨剧。为此，她不得不出面为这件事情作出解释。

她这样说道："我感谢警察们的网开一面，但是更感谢那些在台风来临的时候，还关注着我言行举止并给我指导的记者们。可以说，警察们的特殊关照让我感受到了温情，但是记者们的严厉则让我真正明白了一个做人的道理。正如报道所说的那样，在台风来袭的时刻，每一个人都想安全回家，但是如果因此而违反交通规则，往往会酿成惨剧，反而会让更多的人不能安全回家！所以我明白了一个道理，那就是，在灾难临头的时候我们必须遵守规则！另外，我今天勇敢地承认错误，就是希望更多的人能明白这个道理！"

她的坦诚让沸腾的媒体安静下来，报纸纷纷表扬她是一个诚实的歌唱家，认为她有两种难能可贵的东西：她不但有难能可贵的坦诚，而且有一颗难能可贵的社会责任心。因为在深刻反省之后，她能抛开自己的声誉，用自己真诚的忏悔告诫人们：在灾难临头的时候，必须遵守规则！

# 第二十三章　尊重上级与他人

**【章节解析】**

尊重缺失是当前比较普遍的现象，青年大学生是未来社会发展的生力军，青年学生的素质如何，直接影响着国家的现代化建设进程和参与国际竞争的能力，重视青年大学生的道德教育是一项刻不容缓的现实要求。

尊重的定义为：因为他人的能力、品质或成就而对他人产生的敬意。尊重也意味着尊敬、崇敬或者尊严。对于当代青年学生，希望他们能学到尊重他人也尊重自己。尊重他人是人际交往中的"绿灯"。每个人都有自己的人格尊严，并期望在各种场合中得到尊重。尊重能够引发他人的信任、坦诚等情感，缩短交往的心理距离。

**【学习目标】**

1. 尊重上级领导与权威。
2. 认识尊重权威的几种方式。
3. 认识对待权威的不同态度。
4. 掌握尊重上级与权威的方式。

**【案例分享】**

案例一

三国时，诸葛亮火烧博望坡，才华初露，杀得曹军大败。曹将夏侯惇对曹操说："刘备如此猖狂，真是心腹之患，不可不先下手为强，除掉他。"而曹操也认为，刘备、孙权乃自己统一天下之大障碍，所以决定扫平江南，发兵讨伐。

曹操有一大夫孔融，以刘备是汉室宗亲、孙权虎踞龙盘为名，称曹操是"兴无义之师，恐失天下之望"，惹得曹操大怒。孔融后来仰天长叹："以最不仁义去讨伐最仁义者，怎么能不败呢！"结果被人听去，报告了曹操，曹操大怒之下诛杀了他全家。据说，早就有人对孔融说过："你这个人过于刚直，这将是你自取祸患的根源。"孔融不可谓才不高，可是出言不逊，惹来杀身之祸，教训惨重。

下属在与上级说话时，切勿激动，而是要时刻提醒自己，即使自己有理由，也要注意态度、方式方法和时机，不要冲撞对方，引来上级的不快甚至猜疑。

### 案例二

在美国，一位颇有名望的富商在路边散步时，遇到一个衣衫褴褛摆地摊卖旧书、在寒风中啃着发霉的面包的年轻人。有着同样经历的富商顿生一股怜悯之情，便不假思索地将几美元塞到年轻人的手中，然后头也不回地走开了。

没走多远，富商忽然觉得这样做不妥，于是连忙返回来，从地摊上捡了两本旧书，并抱歉地解释说自己忘了取书，希望年轻人不要介意。最后，富商郑重其事地告诉年轻人说："其实，您和我一样也是商人。"

两年之后，富商应邀参加一个商贾云集的慈善募捐会议，一位西装革履的年轻书商迎了上来，紧握着他的手不无感激地说："先生，您可能早忘记我了，但我永远也不会忘记你。我一直认为我这一生只有摆摊乞讨的命运，直到你亲口对我说，我和你一样都是商人，使我树立了自尊和自信，从而创造了今天的业绩……"

富商万万没有想到，两年前一句普通的话竟能使一个自卑的人重获自尊，使一个穷困潦倒的人找回了自信，让一个自以为一无是处的人看到了自己的优势和价值，终于通过不懈努力获得了成功。

## 【实践运用】

### 1. 讨论发言

（1）请同学们说出一到两个自己喜欢的领袖人物，并说出喜欢的原因。

（2）一个你不太喜欢的长辈，由于生病不能外出买药，需要你的帮助，你准备怎么做？

（3）老师罚你把作业重新抄写三遍，因为你做错了其中的一道题。但是之前老师并没有讲解关于此类习题的解析方法，你该如何与老师沟通？

（4）你的上司经常在一群人面前指出你的问题，让你觉得很难堪。现在你的上司也犯了一个错误，你该如何应对？

（5）在本课中你学到了什么？你是否愿意改变一些你之前的做法？

### 2. 情境再现

表演场景：小王是一名在校大学生，由于家庭经济条件不太好，一直在一家餐厅打工。由于餐厅生意太忙，给顾客上菜的时间比较慢，为了照顾到客人情绪，小王到每一桌与客人沟通，老板以为小王偷懒没有及时上菜，对小王破口大骂。等老板离开后，餐厅的其他店员也开始抱怨老板脾气过于火爆，经常不分青红皂白就当着客人的面对员工大喊大叫。

要求：请同学们分成两组进行情境演练，一组表现为不能忍受老板的误解，另一组表示出对老板的尊重，并尝试与老板沟通解决问题。通过两种不同情境的表演，大家有怎样的体会？在面对误解、不公平对待时，我们应该通过怎样的方式与领导沟通？

### 3. 思考题

（1）你觉得不尊重领导与权威的员工会有哪些后果？

（2）请同学们在课后尝试表现尊重的方式，在下次上课时与大家分享自己的体验？

## 第二十三章 尊重上级与他人

【总结分析】

### 1. 尊重领导与权威的必要性

尊重他人是最起码的道德和修养。"爱人者，人恒爱之；敬人者，人恒敬之。"你尊重别人，别人自然也报以尊重。尊重领导也是自重。

下级服从上级，是一条基本组织原则。没有服从，就没有执行，更没有有效的执行。而服从的前提，就是尊重领导与权威人士的安排，尊重他的决策与指挥。否则，必然会导致有令不行，有禁不止。

对待领导与权威，每个人有着不同的态度与方式。有喜欢且崇拜的，有保持中立的，有不喜欢或者厌恶的。我们需要学会对并不喜欢的人保持尊重，这是成长与成熟的表现。尊重不是恭维，反映着一个人的修养，它是一种能力和美德，取决于价值观和信仰。

### 2. 怎样处理好与领导之间的关系

与领导之间和谐相处，要讲究方式和方法。我们需要保持原则、提升个人情商，还需要有扎实的专业能力。首先需要做到的就是有效沟通，顺畅的沟通交流直接关系我们的职业发展。尊重领导的决策，每个人都有自己需要扮演好的角色，要充分尊重领导，不要让领导认为你是来挑战他、反对他的，要让领导感受到你站在他的角度想问题，是真心实意要把事情做好。

多换位思考，站在领导的角度和位置出发，正确地理解领导的内心感受，并把这种理解传达给领导。与领导沟通时，要保持注意力集中，不仅是用耳朵听，而是更主动、更积极地用心去聆听，并做出恰当的回应，以相互理解，并产生共鸣。

要保持严谨的工作态度，行动上表现出诚意。胜任本职范围内的工作，能够圆满地完成领导安排的工作，而且凡事多深究一些，这样遇事可以多提出几种方案，让自己成为领导的得力助手。在与领导有不同意见的时候，要以一种能让上司更容易接受的方式提出，语气要温和，言辞要中肯，最重要的是有分析、有根据，条理清晰。能够说服别人。不要选用过于肯定的词语或方式,而是要用建议的语气,委婉地加以表达。

**【延伸阅读】**

我以为别人尊重我,是因为我很优秀。慢慢地我明白了,别人尊重我,是因为别人很优秀。优秀的人更懂得尊重别人。对人恭敬其实是在庄严你自己。

一家生意红火的蛋糕店门前站着一位衣衫褴褛、身上散发着难闻气味的乞丐。旁边的客人都皱眉掩鼻,露出嫌恶的神色来。伙计见状连忙喊道:"一边去。"乞丐却拿出几张脏乎乎的小面额钞票小声地说:"我来买蛋糕,最小的那种。"

店老板走过来,热情地从柜子里取出一个小而精致的蛋糕递给乞丐,并深深地向他鞠了一躬,说:"多谢关照,欢迎再次光临!"乞丐受宠若惊般离开,要知道他从来没有受过如此殊荣。

店老板的孙子不解,问道:"爷爷,你为什么对乞丐如此热情?"

店老板解释说:"虽然他是乞丐,却也是顾客呀。他为了吃到我们的蛋糕,不惜花费用很长时间讨得的一点点钱,实在是难得。我不亲自为他服务,怎么对得起他的这份厚爱?"

孙子又问:"既然如此,为什么要收他的钱呢?"

店老板说:"他今天是客人不是来讨饭的,我们当然要尊重他。如果我不收他的钱,岂不是对他的侮辱?我们一定要记住,要尊重我们的每一个顾客,哪怕他是一个乞丐,因为我们的一切都是顾客给予的。"小孩若有所思地点点头。

这个店老板就是日本大企业家堤义明的爷爷。堤义明坦言,当年爷爷对乞丐的一举一动深深地印在了他的脑海里,后来他也曾多次讲到这个故事,要求员工像他爷爷那样尊重每一个顾客。

可以想象,这里的"尊重"绝不是社交场合的礼貌,而是来自人心深处对另一个生命的深切理解、关爱、体谅与敬重,这样的尊重绝不含

## 第二十三章　尊重上级与他人

任何功利的色彩，也不受任何身份地位的影响，唯其如此，才最纯粹、最质朴，也最值得回报。

这就是尊重的力量！层次高的人，更懂得"感同身受"和换位思考，知道每个人都不容易，懂得尊重别人。

# 第二十四章　自我评估与工作评估

**【章节解析】**

自我评估的目的就是认识自己、了解自己，从而对自己的个人发展做出合理的规划。自我评估中包含了自己的兴趣、特长、性格特点，也包括了自己的专业能力、技能、智商、情商，以及对自己思维的方式方法、道德水平的综合评价。俗话说"知人者智，自知者明"，我们只有对自己的状态和认知不断地调整和改进，才能充分把握自身的未来发展。

工作评估是个人价值的体现，也是衡量工作水平的绩效指标，可以多方位地反映自我工作效率与任务指标的达成情况。我们需要客观分析自身工作实际，反思在工作中存在的问题，持续总结经验教训，以提升工作能力。

**【学习目标】**

1. 充分认识自我。
2. 如何正确地评价自己。
3. 怎样进行自我调节。
4. 了解工作评估对企业与员工的重要性。
5. 做好第一次工作绩效评估。

**【案例分享】**

**案例一**

古刹里新来了一个小和尚，他积极主动地去见方丈，诚恳地说："我初来乍到，先干些什么呢？请方丈指教。"方丈微微一笑，对小和尚说：

"你先认识一下寺里的众僧吧。"

第二天,小和尚又来见方丈,诚恳地说:"寺里的众僧我都认识了,下面该去干些什么呢?"

方丈微微一笑,说:"肯定还有遗漏,接着去了解、去认识吧。"

三天过后,小和尚再次来见方丈,蛮有把握地说:"寺里的所有僧侣我都认识了。"

方丈微微一笑,因势利导地说:"还有一人,你没认识。而且这个人对你特别重要。"

小和尚满腹狐疑地走出方丈的禅房,一个人一个人地询问着,一间屋一间屋地寻找着。在阳光里、在月光下,他一遍一遍地琢磨、一遍一遍地寻思。

不知过了多少天,一头雾水的小和尚,在一口水井里忽然看到自己的身影,他豁然开朗,赶忙跑去见老方丈……

## 案例二

山上的寺院里有一头驴,每天都在磨坊里辛苦拉磨,天长日久,驴渐渐厌倦了这种平淡的生活。它每天都在寻思,要是能出去见见外面的世界,不用拉磨,那该有多好啊!

不久,机会终于来了,有个僧人带着驴下山去驮东西,他兴奋不已。

来到山下,僧人把东西放在驴背上,然后返回寺院。没想到,路上行人看到驴时,都虔诚地跪在两旁,对它顶礼膜拜。

一开始,驴大感不解,不知道人们为何要对自己叩头跪拜,慌忙躲闪。可一路上都是如此,驴不禁飘飘然起来,原来人们如此崇拜我。当它再看见有人路过时,就会趾高气扬地停在马路中间,心安理得地接受人们的跪拜。

回到寺院里,驴认为自己身份高贵,再也不肯拉磨了。

僧人无奈,只好放它下山。

驴刚下山,就远远看见一伙人敲锣打鼓迎面走来,心想,一定是人们前来欢迎我,于是大摇大摆地站在马路中间。那是一队迎亲的队伍,却被一头驴拦住了去路，人们愤怒不已，棍棒交加……驴仓皇逃回到寺里，已经奄奄一息。临死前，它愤愤地告诉僧人："原来人心险恶啊，第一次下山时，人们对我顶礼膜拜，可是今天他们竟对我下毒手。"

僧人叹息一声："果真是一头蠢驴！那天，人们跪拜的，是你背上驮的佛像啊。"

人生最大的不幸，就是一辈子不认识自己。认识自己比认识世界还难。每天我们都有照镜子，但是我们在照的时候，有问过"你是否真的认识自己"吗？

## 【实践运用】

### 1. 讨论发言

（1）请同学们拿出纸，用五分钟尽可能全面地写出自己的特长和能力。

（2）请教周围了解你的人，让他们列出你擅长的技能，也可以让他们谈谈你的优缺点。

（3）你最崇拜哪些人？这些人身上有什么特质？对你有什么影响？

（4）你觉得企业为什么要对每位员工进行工作绩效评估。

（5）刚参加工作的你，在工作绩效评估中成绩不太理想，你准备如何改进？

### 2. 情境再现

表演场景：创建一个拟真的工作场景，比如在餐厅兼职打工，或者公司新进员工。学生可以扮演工作中的不同角色，可以是老板也可以是店员，或者公司同事等角色，工作结束后展示自己的工作成果，或者是展示企业领导对员工的工作绩效评估，需要积极接受来自企业的批评。

要求：可以采用工作绩效评估表，进行客观分析。被考核员工与大家分享感受和后期改进措施。可以请全班同学一起讨论。并说一说：对被评估者来说，哪一部分是容易的？哪一部分是难做的？为什么？对评估者来说，哪一部分是容易的？哪一部分是难做的？为什么？

3. 思考题

（1）在本课中，你学到了哪些进行自我评估的方法？

（2）你今后准备从事什么行业？这个岗位需要哪些专业能力？你准备如何达到岗位要求？

【总结分析】

很多人在生活、学习、工作中会被多种问题所困扰，如生活没有目标，经常感到自卑，很在意别人的看法，时常容易发脾气等，甚至怀疑自己、迷失自己、陷入痛苦的境地。他们因为生活、学习、工作被各种压力所牵绊，无法正确地去认识自己。

（1）以人为镜，通过与他人的对比来了解自己。有意识地将自己与别人进行对比，从中发现自己的特点，是认识自我的一个途径。积极主动地与不同的人打交道，从他们对你的评价中认识自己。如果自我评价与周围人的评价相差过大，说明自我认知有偏差，需要调整。

（2）在亲密关系中认识自己。他人的评价可能带有一定的主观色彩，亲密关系中的人评价会更加中肯。应做到全面听取、综合评价，正确地对自己做出改变和调整。

（3）可以在具体的工作实践中认识自我。通过某件事情的成功或失败经验来发现自己的特点，在自我反思中重新认识自己。认识自己的长处和短处，把握人生方向。

子曰："见贤思齐焉，见不贤而内自省也。"发挥主观能动性，对自己的认知、情感、意志、行为等进行自我反省，找到受挫折的主客观原因，并调整认识。通过自我调节去将"理想的自我"和"现实的自我"趋于统一。学习处理焦虑、愤怒、悲伤等情绪，在不同的场合环境适当表达情绪。我们无法选择既有的环境，但可以改变对这个环境的认知态度，从改变自我做起，先有意识地为自己营造出一个自我感知和自我觉察的小环境，并通过持续努力探索出一条适合自己心理发展成熟的道路，按照理想中的自我加以调整，坚持成为优秀的人，健全自我意识。

工作评估对企业发展和员工个人成长有着十分重要的意义。工作评估与绩效考核相结合，做到"人尽其才 才尽其用"，才能保证员工队伍的稳定与成长，企业经济效益才能不断提升。自我工作绩效评估从以下三个方面进行。

（1）工作业绩。全面客观地进行阶段性的业绩回顾，对照企业的工作任务查看自身的达成效果，总结绩效达成的经验和找出未能达成的原因，为接下来的工作打下基础。

（2）行为表现。要积极反思工作态度、工作方式方法，自觉遵守企业的相关规章制度，加强业务能力学习。

（3）改进措施。自我工作评估的最终目的是改善工作绩效。制订有效的工作计划，以便按时完成工作任务。

**【延伸阅读】**

凯勒丰是与苏格拉底相知极深的朋友。有一天，他特意跑到特尔斐神庙，向神请教一个问题：世上到底还有谁比苏格拉底更聪明？神谕曰：没有谁比苏格拉底更聪明。凯勒丰高兴地向苏格拉底展示了神谕的内容，可是他从苏格拉底脸上看到的却是茫然和不安。苏格拉底不认为他是最聪明、最有智慧的人。于是，苏格拉底要寻找一位智慧、声望超过他的人，以反证神谕的不成立。

他首先找到一位政治家。政治家以知识渊博自居，和苏格拉底侃侃而谈。苏格拉底从中看清了政治家自以为是的真面孔。他想，这个人虽然不知道善与美，却自以为无所不知，我却认识到自己的无知，看来我似乎比他聪明一点。

苏格拉底还不满足，依然继续着他的求证之旅。他找到了一位诗人，发现诗人吟诗作赋全是出于天赋，而诗人却目空一切。

接下来，苏格拉底又向一位工匠讨教，工匠因一技在手便以为无所不能，这种狂妄反而消弭了他所固有的智慧之光。

最终，苏格拉底悟出了神谕：神并非说苏格拉底最有智慧，而是以此警醒世人——你们之中，唯有苏格拉底这样的人最有智慧，因为他自知其无知。

人世匆匆，似乎每个人都在追寻着什么，又似乎都在证明着什么。"我是最棒的""我是最好的"一类的鼓噪声几乎无处不在，有几人能像苏格拉底那样虔诚地求证自己的无知呢？

"认识你自己"，这句镌刻在特尔斐神庙上的名言，赋予了苏格拉底一种深沉智慧的目光。而今，苏格拉底的证明则向我们开启了一扇智慧之门：许多时候，认识自己，或者认识真理，都是从认识到自己的无知开始的。

# 参 考 文 献

[1] 冯霞. 当代大学生社会责任感教育与培养探究 [J]. 学术论坛, 2009 (2).

[2] 王建军. 倾听在有效沟通中的重要性及其运用 [J]. 天津农学院学报, 2011, 18 (1): 54-57.

[3] 王大纯. 你的外在形象就是你的优势 [J]. 文苑, 2017 (2): 76-77.

[4] 苏洁. 赢家形象的成功之道 [J]. 决策, 2014 (8): 82-83.

[5] 潘鸿生. 左手交朋友 右手做生意 [M]. 北京: 人民邮电出版社, 2013.

[6] 宋占新. 大学生沟通能力的培养 [J]. 高校辅导员学刊, 2018, 10 (05): 44-47.

[7] 刘增强. 如何让职场沟通更有效 [J]. 通信企业管理, 2018 (09): 38.

[8] 陈若葵. 学会拒绝是孩子成长的必修课 [N]. 中国妇女报, 2019-10-12 (002).

[9] 王祖远. 勇敢拒绝不合理的要求 [J]. 上海企业, 2019 (10): 92.

[10] 陈向东. 做最好的团队——打造卓越团队的九大黄金法则

［M］．北京：中信出版社，2010．

［11］夏奈尔·尼尔森．积极教育［M］．毕晓喻，译．北京：九州出版社，2017．

［12］查尔斯·杜希格．习惯的力量［M］．吴奕俊，曹烨，译．北京：中信出版社，2013．